四特 教育系列丛书 SITEJIAOYUXILIECONGSHU

U0640324

学生智力素质教育

《"四特"教育系列丛书》编委会 编著

吉林出版集团股份有限公司
全国百佳图书出版单位

图书在版编目（CIP）数据

学生智力素质教育／《"四特"教育系列丛书》编委会编著．—长春：吉林出版集团股份有限公司，2012.4
（"四特"教育系列丛书／庄文中等主编．学生素质教育与培养）
ISBN 978-7-5463-8747-5

I.①学… II.①四… III.①中小学生－智力开发－素质教育 IV.① G632.0

中国版本图书馆 CIP 数据核字（2012）第 043959 号

学生智力素质教育
XUESHENG ZHILI SUZHI JIAOYU

出 版 人 吴 强
责任编辑 朱子玉 杨 帆
开　　本 690mm×960mm 1/16
字　　数 250 千字
印　　张 13
版　　次 2012 年 4 月第 1 版
印　　次 2023 年 2 月第 3 次印刷

出　　版 吉林出版集团股份有限公司
发　　行 吉林音像出版社有限责任公司
地　　址 长春市南关区福祉大路 5788 号
电　　话 0431-81629667
印　　刷 三河市燕春印务有限公司

ISBN 978-7-5463-8747-5　　　　定价：39.80 元

前　言

　　学校教育是个人一生中所受教育最重要的组成部分,个人在学校里接受计划性的指导,系统地学习文化知识、社会规范、道德准则和价值观念。学校教育从某种意义上讲,决定着个人社会化的水平和性质,是个体社会化的重要基地。知识经济时代要求社会尊师重教,学校教育越来越受重视,在社会中起到举足轻重的作用。

　　"四特教育系列丛书"以"特定对象、特别对待、特殊方法、特例分析"为宗旨,立足学校教育与管理,理论结合实践,集多位教育界专家、学者以及一线校长、老师们的教育成果与经验于一体,围绕困扰学校、领导、教师、学生的教育难题,集思广益,多方借鉴,力求全面彻底解决。

　　本辑为"四特教育系列丛书"之《学生素质教育与培养》。

　　实施素质教育是我国现代化建设事业的需要。它体现了基础教育的性质、宗旨与任务。提倡素质教育,有利于遏制当前基础教育中存在着的"应试教育"和片面追求升学率的倾向,有助于把全面发展教育落到实处。从教育面向现代化、面向世界和面向未来的要求看,素质教育势在必行。这是我们基础教育时代的主题和任务。

　　学校教育的核心工作是培养全面发展的社会主义建设者和接班人,而学生则是未来的主要建设者和接班人,直接关系到整个社会的前途和命运。中小学生正处于青少年时期,其心理生理发展具有不成熟、可塑性强的特点,他们在面对错综复杂的社会时能否全面认识理性分析问题不仅是部分人的问题而是一个社会问题。当代青少年面临更多的机遇和史无前例的挑战,只有树立科学的价值观,才能全面正确地认识自己、他人和社会,才能在认识和改造世界的过程中取得成功。

　　本辑共20分册,具体内容如下:

　　1.《学生身体素质教育》

　　根据中小学生参与体育状况调查发现,学生身体素质呈现持续下降的趋势。针对学生身体素质下降的状况,必须要让体育课落到实处,且要加强开展学校课外体育活动的力度,充分调动广大学生参与课外体育活动,从而提高学生的身体素质,使学生的身心得到健康发展。同时,探寻学校学生身体素质下降的根源,从而提高他们的身体素质。

　　2.《学生心理素质教育》

　　本书的各位作者拥有多年从事心理健康教育和研究的经验,为此,我们运用心理学的基本原理,从同学们的需要出发,编写了本书,它主要包含上面提到的自我、人际、学习、生涯等几个方面的内容。希望同学们能通过本书的学习,掌握完成这些任务的战略与技巧,为你们的长远和可持续发展提供力所能及的帮助。

3.《学生观念素质教育》

不同的人对同一事物产生不同的看法,本来是很正常的事情,但如果不同学生的观念差异太大,甚至"针锋相对",就不能不让人琢磨一下。本书就学生的观念素质教育问题进行了系统而深入的分析和探讨,并提出了解决这一问题的新思路、可供实际操作的新方案,内容翔实,个案丰富,对中小学生、教师及家长均有启发意义。本书体例科学,内容生动活泼,语言简洁明快,针对性强,具有很强的系统性、实用性、实践性和指导性。

4.《学生道德素质教育》

道德素质是人的重要内涵,它决定着人的尊严、价值和成就。良好道德素质的培养,关键在青少年时期。为培养学生形成良好的行为习惯,提高道德素质,只有建立学校、家庭、社会三结合的"立体化"教育网络,才能最有效地促进学生道德行为的养成,全面提高青少年的素质,促进青少年的健康成长。

5.《学生形象素质教育》

我们自尊我们自信,我们尊敬师长,我们自强我们自爱,我们文明健康。青春就是一次又一次的尝试。身处在这个未知的世界,点滴的前进,都是全新的体验,它点亮中学生心中的那片雪海星辰。新时代的中学生用稚嫩的双手创造一个又一个生命的篇章。让我们用学识素养打造强而有力的翅膀,让我们用青春和梦想做誓言,让我们用崭新的形象面向世界。

6.《学生智力素质教育》

教学中学生正是通过语言符号和非语言符号,学习知识、技能,在吸取人类智力成果过程中,使自己的智力得到锻炼和发展。指导学生智力发展应贯串于教学过程的始终。备课、钻研教材、上课、答疑、辅导、组织考试、批改试卷和作业都应当分析学生思维的过程,考虑发展思维的教学措施。

7.《学生美育素质教育》

美育是培养学生全面发展的教育方针的重要组成部分。美育又称审美教育或美感教育,是培养学生正确的审美观点以及感受美、鉴赏美和创造美的能力的教育。美育是实施其他各育的需要,美育是全面发展教育的重要组成部分,它渗透在全面发展教育的各个方面,对学生身心健康和谐地发展有促进作用。

8.《学生科学素质教育》

教育应面向全体国民,以提高国民素质、提高学生科学素养为目标,为学生的终身发展打下基础。本书以培养小学生科学素养为宗旨并依据新课程标准编写。学生通过本书的学习,能知道与身边常见事物有关的浅显的科学知识,了解科学探究的过程和基本方法,保持和发展对周围世界的好奇心和求知欲,逐渐养成科学的行为习惯和生活习惯,形成敢于创新的科学态度,培养爱科学、爱家乡、爱祖国的情感。

9.《学生创造素质教育》

创造才能是各种能力的集中和最有价值的表现,人类社会文明都是创造出来的,所以只有具备创造才能的人,才是最有用的人才。一切发达国家都非常重视青少年创造才能的培养。培养创造才能要从教育抓起,要从小做起。

10.《学生成功素质教育》

本书旨在让学生认识到成功素质教育的重要性。成功素质教育的目的和意义在于:激发学生对于成功的欲望和追求;让学生了解成功素养的内涵和相关解释;通过开展积极有效的成功素质教育,激发学生潜能;让学生自发主动地参与成功素质的行为,由被动转为主动。

11.《学生爱国素质教育》

祖国是哺育我们的母亲,是生命的摇篮,我们应该因为自己是一个中国人而感到骄傲。学校要坚持抓好学生的爱国主义教育,使他们从小热爱祖国。"祖国"一词对小学生来说,比较抽象,因此,他们对学生进行爱国主义教有,注意从大处着眼,小处着手,引导学生从身边具体的事做起。

12.《学生集体素质教育》

一个国家如果没有团结稳定的局面是不可能繁荣兴盛的;一个集体如果没有精诚合作的精神是不可能获得发展的;一个班级如果集体观念淡薄是不可能有提高进步的;一个人如果不加强培养集体意识,他是不可能被社会所接纳的。集体意识的培养对每个学生来讲是至关重要的。学生只有在校园就开始提高自己的集体协作意识,才能在将来的工作中游刃有余,才能让自己的前途得到更好的发展。

13.《学生人道素质教育》

人道主义精神与青年成长的关系非常密切,既关系思想意识上的完善,又关系知识面的拓展。为进一步切实加强青少年的思想道德建设,建议教育部制定切合实际的教育纲要,将人道主义教育纳入中小学生课程。本书从人道主义精神的培养入手,规范未成年人的行为习惯,使他们真正成为合格的接班人。

14.《学生公德素质教育》

社会公德作为人类社会生活中最起码、最简单的行为准则,是和广大人民群众的切身利益密切相关的,是适应社会和人的需要而产生的。它对人们的社会生活具有特殊且广泛的社会作用。每个社会成员都应该自觉遵守社会公德。社会公德是衡量一个国家全民素质水准的重要标志,抓紧对青少年进行社会公德教育,既是推动社会进步的奠基工程,也是社会主义精神文明建设的一项战略任务。

15.《学生信念素质教育》

加强公民道德建设,在全社会树立中国特色社会主义的共同理想和信念,加快构建传承中华传统美德、符合社会主义精神文明要求、适应社会主义市场经济的道德和行为规范。未成年人是祖国未来的建设者,加强和改进未成年人思想道德建设尤其重要。理想信念教育是培养公民素质的本质要求,把学生培养成为热爱社会主义祖国，具有社会公德、文明行为习惯的遵纪守法的公民是我国德育工作的主要任务。在德育体系中，理想信念教育处于核心地位，是德育研究的重中之重。

16.《学生劳动素质教育》

劳动素质教育是向学生传授现代生产劳动的基础知识和基本生产技能，培养学生正确的劳动观点，养成良好的劳动习惯的教育。本书旨在培养学生正确的劳动观点和良好的劳动习惯，使学生掌握初步的生产劳动知识和技能。

17.《学生纪律素质教育》

依法治国已成为我国治国的方略。我们正在建设社会主义法治国家，纪律法制在社会生活中的作用越来越重要，因此进行纪律法制教育也就十分必要了，对青少年学生尤其如此。青少年时期正好是一个人世界观、人生观、价值观的形成时期，在此时加强纪律法制教育，有利于帮助他们掌握应有的纪律法制知识，增强纪律法制意识，提高自觉遵守纪律法制的自觉性，养成良好的遵纪守法习惯。

18.《学生民主法制素质教育》

在推进依法治国，建设社会主义法治国家的进程中，加强对青少年的法制教育，促进青少年的健康成长，我们负有不可推卸的历史责任。为此，本书对当前青少年犯罪的现状、特点、成因进行了调查，对如何进一步加强青少年法制教育和预防青少年犯罪的方法作了一些探索，具有很强的系统性、实用性、实践性和指导性。

19.《学生文明素质教育》

礼仪是一种修养，一种气质，一种文明，一种亲和力，它是人际交往的通行证。青少年是祖国的希望，是21世纪国家建设的主力军。培养他们理解、宽容、谦让、诚实的待人处事和庄重大方、热情友好、礼貌待人的文明行为举止，是当前基础教育和学校德育工作的重点之一。将主题宣传教育活动、文明礼仪知识普及活动、日常行为规范教育活动紧密结合起来，培养学生文明行为举止，抓实抓细，必定卓然有效。

20.《学生人生观素质教育》

当代的中学生是跨世纪建设有中国特色社会主义的主力军，他们的人生观如何，关系到他们的本质是否能够得到全面提高，关系到我国社会主义大业的兴衰。因此，学校必须加强对中学生进行人生观教育。在校学生是我国社会生活中被寄予厚望的最重要的群体，他们的人生观变化是社会变化的晴雨表。人生观不仅影响他们个人的一生，而且对国家的前途、命运产生相当大的影响。因此，学校必须加强对中学生进行人生观教育。

由于时间、经验的关系，本书在编写等方面，必定存在不足和错误之处，衷心希望各界读者、一线教师及教育界人士批评指正。

编者

目　录

第一章　学生智力素质教育与升级的理论指导 ………… (1)

1. 智力与智力素质教育的涵义 ……………………… (2)

2. 学生素质教育对智力开发的意义 ………………… (4)

3. 学生素质教育与智力开发的关系 ………………… (6)

4. 素质教育对学生智力的作用 ……………………… (8)

5. 学生的智力素质教育与记忆的本质 …………… (11)

6. 素质教育中开发学生智力的方法 ……………… (12)

7. 素质教育中发掘学生智力的措施 ……………… (14)

8. 提高学生智力教育的实施步骤 ………………… (17)

9. 智力训练可以提高学生智力素质 ……………… (21)

10. 素质教育对不同智力学生的教学要求 ………… (23)

11. 政治课教学中学生智力的开发 ………………… (24)

12. 数字教学中学生智力的开发 …………………… (31)

13. 美术教育中学生智力的开发 …………………… (36)

14. 体育教学中学生智力的开发 …………………… (40)

15. 劳动教学中学生智力的开发 …………………… (43)

1

第二章　学生智力素质教育与升级的故事推荐⋯⋯⋯⋯（49）

　1. 必需的好奇心 ⋯⋯⋯⋯⋯⋯⋯⋯⋯⋯⋯⋯（50）

　2. 聪明人的眼光 ⋯⋯⋯⋯⋯⋯⋯⋯⋯⋯⋯⋯（51）

　3. 发挥你的想象力 ⋯⋯⋯⋯⋯⋯⋯⋯⋯⋯⋯（53）

　4. 废地变宝的秘密 ⋯⋯⋯⋯⋯⋯⋯⋯⋯⋯⋯（53）

　5. 裘斯的发明 ⋯⋯⋯⋯⋯⋯⋯⋯⋯⋯⋯⋯⋯（54）

　6. 一块铁的价值 ⋯⋯⋯⋯⋯⋯⋯⋯⋯⋯⋯⋯（56）

　7. 与神最接近的就是想象力 ⋯⋯⋯⋯⋯⋯⋯（58）

　8. 一场关于想象力的官司 ⋯⋯⋯⋯⋯⋯⋯⋯（59）

　9. 两个孩子的想法 ⋯⋯⋯⋯⋯⋯⋯⋯⋯⋯⋯（60）

10. 谁编写了《吉尼斯世界纪录》 ⋯⋯⋯⋯⋯（61）

11. 多问几个"为什么" ⋯⋯⋯⋯⋯⋯⋯⋯⋯⋯（62）

12. 好奇心产生创意 ⋯⋯⋯⋯⋯⋯⋯⋯⋯⋯⋯（62）

13. 好奇者的"奇缘" ⋯⋯⋯⋯⋯⋯⋯⋯⋯⋯（64）

14. 创新不止的小休斯 ⋯⋯⋯⋯⋯⋯⋯⋯⋯⋯（65）

15. 燕子何处去过冬 ⋯⋯⋯⋯⋯⋯⋯⋯⋯⋯⋯（66）

16. 水壶盖子上的小孔 ⋯⋯⋯⋯⋯⋯⋯⋯⋯⋯（68）

17. 小针孔成就了百万富翁 ⋯⋯⋯⋯⋯⋯⋯⋯（69）

18. 长生不死的祖父 ⋯⋯⋯⋯⋯⋯⋯⋯⋯⋯⋯（69）

19. 买件红衣服穿 ⋯⋯⋯⋯⋯⋯⋯⋯⋯⋯⋯⋯（72）

20. 最出色的地方 ⋯⋯⋯⋯⋯⋯⋯⋯⋯⋯⋯⋯（72）

21. 抛洒硬币的哲理 ⋯⋯⋯⋯⋯⋯⋯⋯⋯⋯⋯（73）

22. 把鞋卖给赤脚人 ⋯⋯⋯⋯⋯⋯⋯⋯⋯⋯⋯（74）

23. 阿甘的回答 ⋯⋯⋯⋯⋯⋯⋯⋯⋯⋯⋯⋯⋯（76）

24. 让甲鱼松口 ⋯⋯⋯⋯⋯⋯⋯⋯⋯⋯⋯⋯⋯（77）

25. 用思考的犁翻出奇迹 ⋯⋯⋯⋯⋯⋯⋯⋯⋯（78）

26. 竖立鸡蛋 ································ (79)

27. 城中渔村 ································ (80)

28. 联邦快递的创举 ························ (81)

29. 医生的减肥妙术 ························ (83)

30. 华佗的药方 ···························· (85)

31. 盲人也能跳伞 ·························· (86)

32. 海水也能解渴 ·························· (87)

33. 起死回生 ······························ (88)

34. 印有导游图的手帕 ······················ (88)

35. 四块糖果的妙用 ························ (89)

36. 眼见为虚，耳听为实 ···················· (90)

37. 相同的故事 ···························· (91)

38. 篮球比赛 ······························ (92)

39. 书童拿的什么东西 ······················ (92)

40. 餐桌上的考题 ·························· (93)

41. 花的颜色 ······························ (94)

42. 聪明的女孩和恶毒的婆婆 ················ (94)

43. 士兵过河 ······························ (95)

44. 哑巴和瞎子 ···························· (95)

45. 香客为什么有歹意 ······················ (96)

46. 两名警察的对话 ························ (96)

47. 不可靠的预测机 ························ (97)

48. 聪明的作家 ···························· (97)

49. 狗是如何吃到食物的 ···················· (98)

50. 安全过桥洞 ···························· (98)

51. 如何安全通过山洞 ······················ (99)

52. 去和回来的时间为何不一样 ………… (99)

53. 两个乒乓球 ………………………… (100)

54. 如何破案的 …………………………… (100)

55. 旅行家的时间 ………………………… (101)

56. 是谁在说谎 …………………………… (101)

57. 他为什么是小偷 ……………………… (102)

58. 水为什么能喝 ………………………… (103)

59. 做事马虎的刘老师 …………………… (103)

60. 他在走私什么 ………………………… (104)

61. 是谁闯的祸 …………………………… (104)

62. 遗嘱为啥变成了白纸 ………………… (105)

63. 裙子的颜色 …………………………… (106)

64. 哪些属于意外事件 …………………… (106)

65. 哪些是第二语言学习 ………………… (107)

66. 还需要走多久 ………………………… (107)

67. 为什么差点被淹死 …………………… (108)

68. 司机的想法对吗 ……………………… (108)

69. 消失的 1 元钱 ………………………… (109)

70. 他是如何战胜冠军的 ………………… (109)

71. 招牌是什么 …………………………… (110)

72. 猜猜他们都是谁 ……………………… (111)

73. 不说话的鹦鹉 ………………………… (111)

74. 我知道谁是凶手了 …………………… (112)

75. 如何才能找到活门 …………………… (112)

76. 猎物的数量 …………………………… (113)

77. 小刘是骗子吗 ………………………… (114)

78. 怎么分遗产 ················ (114)

79. 谁才是烟袋的主人 ············ (115)

80. 玻璃鞋的主人是谁 ············ (115)

81. 猴子的身份 ················ (116)

82. 你知道他们的名次吗 ·········· (117)

83. 凶手是他吗 ················ (117)

84. 谁是小偷 ·················· (118)

85. 小花猫搬鱼 ················ (118)

86. 猜猜今天星期几 ············ (119)

87. 借书 ······················ (119)

88. 神童与知府 ················ (120)

89. 为什么会来不及 ············ (120)

90. 同学间的吹牛比赛 ············ (121)

91. 爱模仿人的猴子 ············ (121)

92. 开水不见了 ················ (122)

93. 机灵的狼 ·················· (122)

94. 他勇敢吗 ·················· (123)

95. 清官巧断案 ················ (123)

96. 分辨遗嘱 ·················· (124)

97. 小孩的游戏 ················ (124)

98. 钻石不见了 ················ (125)

99. 到底损失了多少 ············ (126)

100. 三个直角的三角形 ·········· (126)

101. 你会测树的高度吗 ·········· (127)

102. 有多少水 ·················· (128)

103. 几粒纽扣 ·················· (129)

104. 汽水上方燃烧着的火柴 ………………………………（130）

105. 肥皂为何能去污 ………………………………………（131）

106. 会燃烧的糖 ……………………………………………（132）

107. 盐是怎么来的 …………………………………………（133）

108. 生锈的扣子 ……………………………………………（134）

109. 神奇的水果抹布 ………………………………………（135）

110. 神奇的密写墨水 ………………………………………（135）

111. 会逃跑的颜色 …………………………………………（136）

112. 失踪的头发丝 …………………………………………（137）

113. 变蓝的淀粉 ……………………………………………（138）

114. 变色魔术 ………………………………………………（138）

115. 怎样让茶叶听话 ………………………………………（139）

116. 分开套在一起的杯子 …………………………………（140）

117. 会动的铅笔 ……………………………………………（141）

118. 报纸上的空气压力 ……………………………………（142）

119. 怎样才能折断火柴 ……………………………………（142）

120. 能吹泡泡的肥皂水 ……………………………………（143）

121. 捅不破的纸 ……………………………………………（144）

122. 影子是怎么来的 ………………………………………（145）

123. 汽车轮胎上的花纹 ……………………………………（146）

124. 巧论出身 ………………………………………………（147）

125. 卓别林智斗歹徒 ………………………………………（147）

126. 虚构的钓鱼故事 ………………………………………（148）

127. 五十步笑百步 …………………………………………（149）

128. "东西"的来历 …………………………………………（150）

129. 姜太公真的是钓鱼吗 …………………………………（151）

130. 为什么马脚会露出来 ……………… (152)

131. 司马光的"警枕" ……………… (152)

132. 他该如何回答死亡率 ……………… (153)

133. 他回答了什么 ……………… (154)

134. 买蛋糕 ……………… (155)

135. 如何租到房子 ……………… (156)

136. 怎样宣布自己得奖 ……………… (157)

137. 请太阳公公来家做客 ……………… (157)

138. 北极星有多高 ……………… (158)

139. 孤独是一笔财富 ……………… (159)

140. 年轻 ……………… (161)

141. 花儿在开 ……………… (162)

142. 缺陷 ……………… (163)

143. 破桶与花朵 ……………… (164)

144. 悬崖上的一朵花 ……………… (165)

145. 幸福的诠释 ……………… (166)

146. 现在的幸福 ……………… (167)

147. 财主的苦恼 ……………… (170)

148. 智者与年轻人 ……………… (171)

149. 谁最痛苦 ……………… (172)

150. 绊脚石与垫脚石 ……………… (173)

151. 重要的日子 ……………… (173)

152. 摔跤的故事 ……………… (175)

153. 女儿的生日 ……………… (176)

154. 奥运冠军的成长 ……………… (177)

155. 上帝只给他一只老鼠 ……………… (179)

156. 黄鼠狼与铁匠 ……………………………………… (181)

157. 学习的奥秘 ……………………………………… (183)

158. 维持原貌 ………………………………………… (184)

159. 这回运气好，没有风 …………………………… (185)

160. 美国总统和亿万富翁 …………………………… (186)

161. 心灵的钟声 ……………………………………… (188)

162. 侧面思维 ………………………………………… (189)

163. 漂浮的针 ………………………………………… (190)

164. 上帝没有轻看卑微 ……………………………… (191)

165. 悠然下山去 ……………………………………… (191)

166. 彬彬有礼 ………………………………………… (192)

167. 艺人与儿子 ……………………………………… (193)

第一章

学生智力素质教育与升级的理论指导

1. 智力与智力素质教育的涵义

智力是指生物一般性的精神能力。指人认识、理解客观事物并运用知识、经验等解决问题的能力，包括记忆、观察、想象、思考、判断等。这个能力包括以下几点：理解、计划、解决问题，抽象思维，表达意念 以及语言和学习的能力。

构成智力的五种因素

（1）观察力。是指大脑对事物的观察能力，如通过观察发现新奇的事物等，在观察过程对声音、气味、温度等有一个新的认识，并通过对现象的观察，提高对事物本质认识的能力。我们可以在学

习训练中增加一些训练内容如观察和想象项目，通过训练来提高学员的观察力和想象力。

（2）注意力。是指人的心理活动指向和集中于某种事物的能力。如我们好的学员能全神贯注地长时间地看书和研究课题等，而对其他无关游戏、活动等的兴趣大大降低，这就是注意力强的体现。

（3）记忆力。是识记、保持、再认识和重现客观事物所反映的内容和经验的能力。如我们到老时也还记得父亲母亲年轻时的形象，少年时家庭的环境等一些场景，那就是人的记忆在起作用。

（4）思维力。是人脑对客观事物间接的、概括的反映能力。当人们在学会观察事物之后，他逐渐会把各种不同的物品、事件、经验分类归纳，不同的类型他都能通过思维进行概括。

（5）想象力。是人在已有形象的基础上，在头脑中创造出新形象的能力。比如当你说起汽车，我马上就想象出各种各样的汽车形象来就是这个道理。因此，想象一般是在掌握一定的知识面的基础上完成的。

影响智力的因素

（1）遗传与营养。遗传素质是智力发展的生物前提。良好的遗传素质，是智力发展的基础和自然条件。有研究发现：遗传关系越密切，个体之间的智力越相似。但是遗传只为智力发展提供了可能性，要使智力发展的可能性变成现实性，还需要社会、家庭与学校教育许多方面的共同作用。

（2）早期经验。人的智力发展的速度是不均衡的。研究表明，早期阶段获得的经验越多，智力发展得就越迅速，不少人把学龄前称为智力发展的一个关键期。美国布鲁姆提出了一个重要假设，把5岁前视为智力发展最迅速的时期，如果17岁的智力水平为100%，那么从出生到4岁就获得50%的智力，其余30%是4~7岁获得的，另外20%是8~17岁获得的。

（3）教育与教学。智力不是天生的，教育和教学对智力的发展起着主导作用。教育和教学不但使儿童获得前人的知识经验，而且促进儿童心理能力的发展。例如教师在运用分析和概括的方法讲授课程内容时，不仅使学生获得有关的知识，还掌握了把这种方法作为思维的手段，如果把这种外部的教学方法和学习方法逐渐转化为内部概括的思维操作，这方面的能力便形成了。

（4）社会实践。人的智力是人在认识和改造客观世界的实践中逐渐发展起来的。社会实践不仅是学习知识的重要途径，也是智力发展的重要基础。爱迪生的启蒙教师是自己的母亲，但实验是他创造发明的基础，是他才智形成的重要条件。

（5）主观努力。环境和教育的决定作用，只能机械、被动地影响能力的发展。如果没有主观努力和个人的勤奋，要想获得事业的成功和能力的发展是根本不可能的。世界上许多杰出的思想家、科学家、艺术家，无论他们所从事的事业多么不同，但他们都具有共同点，即醉心于自己的事业，长期坚持不懈，刻苦努力，顽强与困难作斗争。如果没有这些，他们也只能是平庸的人，既不可能取得成就，能力的提高也无从谈起。

智力素质教育

智力素质教育就是对智力的开发教育。智力素质包括六种，它们是注意能力、观察能力、想象能力、记忆能力、思维能力和语言表达能力。开发智力素质就是对注意能力、观察能力、想象能力、记忆能力、思维能力和语言表达能力的开发教育，这是当前学校的一项艰巨而重要的教学任务。

2. 学生素质教育对智力开发的意义

无论何时，我们都应该树立这样一种信念：每个学生都具有在某一方面领域几方面的发展潜力，只要为他们提供了合适的教育，每个学生都能成才。教育工作者应该做的，就是为具有不同智力潜能的学生提供适合他们发展的不同的教育，把他们培养成为不同类型的人才，那么多元智力理论对教育有哪些意义呢？

学生观

多元智力理论所倡导的学生观是一种积极的学生观，每个人都或多或少具有8种智力，只是其组合和发挥程度不同。每个学生都有自己的优势智力领域，有独特的学习类型和方法，学校里不存在差生，全体学生都是具有自己的智力特点、学习类型和发展方向的可造就人才。学生的问题不再是聪明与否的问题，而是在哪些方面聪明和怎样聪明的问题。适当的教育和训练将使每一个儿童的智能发挥到更高水平。因此，教育应该在全面开发每个人大脑里的各种智能的基础上，为学生创造多种多样的展现各种智能的情景，给每个人以多样化的选择，使其扬长避短，从而激发每个人潜在的智能，充分发展每个人的个性。

教学观

多元智力理论所倡导的教学观是一种"对症下药"的因材施教观，"对症下药"有两个方面的含义，其一是针对不同智力特点的"对症下药"。加德纳的多元智力理论认为，不同的智力领域都有自己独特的发展过程并使用不同的符号系统。因此，教师的教学方法和手段，应该根据不同的教学内容而有所不同。其二是针对不同学生的，对症下药。同样的教学内容，教学时，应该针对每个学生的不同智力特点、学习类型和发展方向"对症下药"地进行。无论什么教育内容都使用"讲，学生听"的教育方法，无论哪个教育对象都采用"一本教材、一块黑板、一支粉笔"的教学形式，是违背教育规律和因材施教原则的。

由于学生智力表现形式的多样性和复杂性，因而无论什么时候，不论多么优秀的教师，都不可能找到一种适合于所有学生的教学方法。千篇一律的教学方法只能适用于一部分学生，而对另一些学生则完全无效，这样的教学必然导致部分学生其他方面的智力因不能得到适当的培养而僵滞、萎缩，这对个人和社会都是一种巨大的浪费。

如果教师能够根据不同学生的特点，不断地变换教学方法和手段，学生就有机会利用适合他的智力倾向的方法来学习。新的教学观要求我们的教师根据教育内容以及学生智能结构、学习兴趣和学习方式的不同特点，选择和创设多种多样适宜的、能够促进每个学生全面充分发展的教育方法和手段。

评价观

评价是教育和教学活动中极为重要的一环，对教育和教学活动具有极强的导向作用，由于受传统的以语言和数理——逻辑能力为核心的智力观念的影响，传统教育把学科分数和升学率作为评价教育质量的主要标准，学校教育教学活动错误地估计了学生的学习潜力，更多地倾向于训练和发展学生的语言和数理——逻辑能力，却忽视了学生其他多方面的能力的训练和培养。根据加德纳的多元智力理论，我们就应该放弃以标准的智力测验和学生学科成绩考核为重点的评价观，树立多种多样的评价观。

多元智力理论所主张的教育评价应该是通过多种渠道、采取多种形式、在多种不同的实际生活和学习情景下进行的、确实考查学生解决实际问题的能力和创造出初步的精神产品和物质产品的能力的评价。教师应该从多方面观察、评价和分析学生的优点和弱点，并把这种由此得来的资料作为服务于学生的出发点，以此为依据选择和设计适宜的教学内容和教学方法，使评价确实成为促进每一个学生智力充分发展的有效手段。

3. 学生素质教育与智力开发的关系

智力不是以整合的方式存在，而是相对独立的，各自有着不同的发展规律并使用不同的符号系统。各种相对独立的智力以不同方式和程度有机地组合在一起。即便是同一种智力，其表现形式也不一样的，例如：同样具有较高逻辑一数理能力的两人，其中一个可能是数学家，而另一个可能是文盲，但他有很好的心算能力。正是这种在个体身上体现的智力差异性，使得我们每一个人看起来都"与众不同"。

语言智力

这种智力主要是指听、说、读、写的能力，表现为个人能够顺利而高效地利用语言描述事件、表达思想并与人交流的能力。这种智力在记者、编辑、作家、演讲家和政治领袖等人身上有比较突出的表现。

节奏智力

这种智力主要是指感受、辨别、记忆、改变和表达音乐的能力，表现为个人对音乐，包括节奏、音调、音色和旋律的敏感，以及通过作曲、演奏和歌唱等表达音乐的能力。这种智力在作曲家、指挥家、歌唱家、演奏家、乐器制造者和乐器调音师身上有比较突出的表现。

数理智力

这种智力主要是指运算和推理的能力，表现为对事物间各种关系如类比、对比、因果和逻辑等关系的敏感，以及通过数理运算和逻辑推理等进行思维的能力。这种智力在侦探、律师、工程师、科学家和数学家身上有比较突出的表现。

空间智力

这种智力主要是指感受、辨别、记忆、改变物体的空间关系并藉此表达思想和情感的能力，表现为对线条、形状、结构、色彩和空间关系的敏感，以及通过平面图形和立体造型将它们表现出来的能力。这种智力在画家、雕刻家、建筑师、航海家、博物学家和军事战略家的身上有比较突出的表现。

动觉智力

这种智力主要是指运用四肢和躯干的能力，表现为能够较好地控制自己的身体，对事件能够做出恰当的身体反应，以及善于利用身体语言表达自己的思想和情感的能力。这种智力在运动员、舞蹈家、外科医生、赛车手和发明家身上有比较突出的表现。

自省智力

这种智力主要是指认识、洞察和反省自身的能力，表现为能够正确地意识和评价自身的情绪、动机、欲望、个性、意志，并在正确的自我意识和自我评价的基础上形成自尊、自律和自制的能力。这种智力在哲学家、小说家、律师等人身上有比较突出的表现。

交流智力

这种智力主要是指与人相处和交往的能力，表现为觉察、体验他人情绪、情感和意图并据此做出适宜反应的能力。这种智力在教师律师、推销员、公关人员、谈话节目主持人、管理者和政治家等人身上有比较突出的表现。

近年来加德纳又提出了一种自然智力，即人们认识世界、适应世界的能力，是一种在自然世界里辨别差异的能力，如植物区系和动物区系、地质特征和气候。这种智能在旅游家、航海家、猎人等身上有较高的发展。

4. 素质教育对学生智力的作用

心理学家把环境对人的智力影响划为两类，一是自发因素，二是自觉因素。教育即属于自觉因素，是人为设置的、有目的的环境因素。这种环境与一般环境的不同之处在于，教育是人类有组织、有计划地传递社会经验、发展智力的一种方式。

教育，有家庭教育、学校教育、社会教育和自我教育。对少年儿童来说，家庭教育、学校教育是绝对重要的两种形式，对促进大脑素质的发展和人才的培育起主导作用，决定一个人的成才速度和成才方向。

家庭教育的作用

婴儿从降生开始，就处于家庭教育的环境之中。父母是天生的教育家，他们的言语、行为也是一种对子女的有目的教育，牙牙学语、蹒跚学步、白日嬉戏、夜数星月，桩桩件件，都包含着父母望子成才的心愿，体现着引导孩子兴趣志向的努力。孩子的成才方向，往往在学龄之前就被父母塑成雏形。不仅如此，孩子未来的道德、行为、思想，甚至性格，都与家庭教育息息相关。人们常常用美国的两个家族为例，来说明家庭教育的重要性。这两个家庭都是维持了八代以上的大家庭。第一个家族的祖先是著名哲学家爱德华，他不仅自己德高望重，深受人们景仰，也培养出了一大批优秀的子孙。在他的八代子孙中，有 13 位大学校长，100 多位教授，80 多位文学家，20 多位议员，1 位副总统。而第二个家族的祖先是臭名昭著的酒鬼和赌徒，名字叫珠克，他自己是一个万人不齿的恶棍，在他的"熏陶"下，八代子孙中，"涌现"出了 300 多名乞丐，7 个杀人犯，60 多个盗窃犯。从这两个对比鲜明的例子中可以看出，家庭教育对后代的影响多么重要，多么深远，这尤其要引起当代父母的警觉。

学校教育的作用

学校教育对智力的发展有着更强的目的性，是有计划、有组织地提高孩子智力的场所，有着得天独厚的条件。无论在小学、中学、大学，还是在幼儿园，都有一批受过专门训练、具有专门知识的教师；都有系统的教材、教具；还有必要的学习环境、图书资料、仪器设备，这些条件，在科学的益智理论指导下，在教师们的努力下，遗传因素所造就的一个个大脑，就会被诱导、被激发，各自向不同程度的最优化智力发展。可以说，学校教育是促使遗传因素最优化、家庭教育系统化、社会教育明朗化、环境因素知识化的智力发展因素。

教育的过程是平凡的、艰苦的，但教育的效果却是神奇的。得不到良好的教育，再聪明的大脑也会变得愚笨；经受过有效的长期教育，遗传素质一般的人也有可能成为天才。"狼孩"或"猪孩"也许原先有着正常人的大脑，但没有正常人的教育，他们便失去了正常人的智力。这方面的例子很多，据说100多年前有位外国的王子，小时候聪颖超人，天资不凡，是王位的最佳继承人，但被恶人绑架，与世隔绝十几年，到重见天日时，已经变成愚痴之人。虽经百般努力，尽心施教。智力进步仍不明显。死后解剖发现，他大脑的浮浅而简单，连类人猿也不如。——这就是缺乏教育和环境影响的结果。与此相反，教育改变人类生理，使凡人成为天才的故事更是不乏其例。

著名的大音乐家贝多芬、哲学大师黑格尔等人，从小都被认为智力平庸，没有培养前途。教师曾给贝多芬下过结论，指明他不可能成为作曲家；黑格尔被人们称之为"木头人"。然而良好的学校教育加上刻苦自学，在付出辛勤的劳动之后，他们却成了伟大的天才。

早期教育的作用

科学研究证明，学习某些知识，有各自的最佳时期；而绝大部分知识的最佳启蒙时期是在4~8岁。六七岁以前所学的东西，往往终生不忘，绘画、音乐等形象性、知觉性的知识，在4岁左右最为敏感，这时候最容易培养或发现绘画、音乐苗子；而朗读、外语则在小学低年级时进行启蒙教育更有成效。因此，要求全社会重视教育，是提高中华民族智力素质的最有效的措施。

综上所述，遗传、环境、教育是关系智力发展的三个因素。这三个因素是一个统一的整体，缺一不可。打个比方：一个人的智力发展如同一棵树木的成材，遗传因素是树的种籽，种籽的优劣决定着这棵树能不能成长；环境因素是培育种籽的土壤，土壤的优劣决定着小树的根基能否扎牢，也决定着树的营养充裕与否；而教育则好比阳光、雨露和肥料，它决定着树木的生长速度和树木生长的质量。

当然，这三种因素对一个人来说并不是僵死的，一成不变的。人们可以通过主观努力去改善他们，使之有益于智力的提高。例如，可以通过父母之间的优化组合、采用优生方法、医学方法以及胎教方法来改善遗传因素；通过优化环境、改造环境来构筑环境因素；利用教育的技巧来加强教育因素。

5. 学生的智力素质教育与记忆的本质

记忆是智力的最重要因素，研究智力问题必须解决记忆问题。认知心理学家们运用养两窝老鼠的方式作试验，发现记忆在大脑的物质支撑是形成了相应的神经元，现在人们都认同了这个观点。然而，光有这样的认识是远远不够的，还不能指导人们更有效地去作用或应用记忆。我们通过近三十年的智力研究得出这样的结论：记忆的本质是形成了相应的目标神经心律，目标神经心律是由目标、神经元、心律这三个要素组合起来的。

目标性

人们经常讲要实事求是，这个实事是什么？比如在这个超市里，哪些是实事，是人，还是商品？是房子，还是柜台？长期以来人们忽视了"目标"这个最基本的问题，脱离了目标来谈实事是没有意义的，就象脱离了目标来谈人才一样。记忆是实事以及实事在心里加工后的反映，因此，也就不能脱离目标来谈记忆。这一点十分重要，脱离了目标去研究记忆肯定是不会有好结果的。也就是说尽管客观上存在着没有目标的记忆，但我们在研究记忆时，应该把所涉及到的记忆都归纳到相应的目标上来。

神经元性

记忆在大脑中的物质支撑是神经元。但要注意到作用于记忆的神经元有两种不同的形式：一种是起着显示映像作用的神经元，另一种是起着操作作用的神经元。这两种神经元是有机联系在一起的，是交错地连接在一起的。操作神经元不单单在大脑中，或者说主体操作的过程，不仅仅是在大脑中的操作，还有胃部、胸部、喉咙、心脏等部位的操作，是浑身操作的过程，比如牵肠挂肚、胸有成竹、心想事成等这些成语都是指主体在想问题时所涉及到的部位。我们在对学生进行智力训练时，学生经常会出现上述部位的反应，只是不同的学生反应的部位或程度不一样而已。长期以来认知心理学家们围绕着主体是在大脑里还是在心里争论不息，其实主体是由大脑因素和心理因素组合起来的，不能分开。

心律性

先来看一个例子：下雨天，山上的水会往山下流，流多了就会形成流水沟，以后碰到下雨，山上的水就会顺着流水沟往下流。记忆与此类似，当主体对某一事情进行反复记忆时，就会形成定向操作运动或习惯操作运动，我们把这个定向性或习惯性称为心律。也就是说当神经心律形成时，主体就可以顺着这个心律把相应的记忆事情反应出来。在这里要注意到有两个概念：

神经心律对应的是流水沟的轮廓，流水沟有深浅之分，流水沟的深浅度对应的是神经心律势。也就是说当神经心律势大时记忆的事情就容易回忆出来，反之就有一定的难度，这就是神经心律势概念。第二个概念是被动运动与主动运动可以互相转换。山上流水运动都是被动的，在记忆反应中除了被动运动外，还有主动运动，而且被动运动与主动运动可以互相转换。记忆反应时是主体借助被动运动为反应方向，然后把被动运动转化成主动运动，接着又来寻找反应方向，就这样复而往返的进行着。

6. 素质教育中开发学生智力的方法

为了适应现代科学技术的飞速发展，培养具有创新能力的人才，培养学生独立思考，获取知识的能力，在教学中就必须重视发展学生的智力。摆在我们面前的问题是怎样开发学生的智力。

正确认识智力及其因素

智力是人脑功能的表现，它是人脑对客观事物或客观事物之间各种关系的发现、转换、建构的能力。属于认识范畴，保证人们有效地进行认识活动的比较稳定的心理特点的有机结合。它包括注意力、观察力、记忆力、想象力、思维力五个基本因素组成。

智力的生理素质及其开发

神经生理学的研究表明，人脑是由 130 亿至 160 亿具有 5000 万种不同类的神经细胞组成的，要想开发智力就必须充分认识脑力活动的规律。

（1）为人脑提供刺激，创设大脑进攻目标

脑力活动必须有充沛的精力，清醒的头脑，这样才能有敏捷的思维。现代医学对脑生理研究表明，大脑的神经细胞，在接受一定能量的刺激时，才能处于兴奋状态进行思维。当脑神经细胞高度兴奋时，神经通道畅通，思维敏捷，可靠，因此在物理教学中，要以探究实验为先导，创设问题情景，诱导大脑，通过明显的实验现象，有效的刺激学生的感觉器官，兴奋脑细胞，激发大脑向新知识出击，使大脑一直处于有进攻目标，乐于搜寻的状态，充分施展其能力，高效的接受知识，理解并灵活运用。

（2）让学生心理处于平和的状态，保持放松

人脑的活动，实际上对信息的存贮和加工。通过脑电波表明人脑处于松张状态时，脑电波稳定而有节律，学习效果高。因此，为了提高智力就要克服紧张的学习心理障碍。

紧张会使人六神无主，心慌意乱，造成遗忘，思维颠倒，丢三落四，紧张使人变的愚蠢、迟钝。放松使人思路开拓，学习积极性

高，学习有目标，使人变的聪明。

（3）开发智力最有效的方法：静坐静思法

中国古代人提倡"定能生慧"，定就是入静，与印度的瑜珈功的静坐法异曲同工，通过静坐，消除学习的心理障碍，诱发大脑进入最佳状态，使心情舒畅，注意力提高，观察，思考问题的能力都处于兴奋状态，有利于高效率的接受信息，处理信息。

现代著名的文学家郭沫若，年轻时，在日本留学，用脑过度，患了严重的神经衰弱，头疼失眠，记忆力严重下降，苦恼中几乎自杀，他后来开始练习静坐，早晚各半个小时，不久，奇迹出现了，他的记忆力又回来了。

静坐的方法很简单，在教学中让学生闭目收心，集中注意力，老师则引导学生复习上一节课的概要，提示这一节课的主要内容，教学方法等等，然后在正式开课。四季坚持，慢慢的学生就习以为常，从中收益。

在日常生活中，每天早晨起床静坐 3、5 分钟，有头脑清醒，冷静的感觉，上课精力集中，上课前，做作业前，考试前，睡觉前，等等，都可以静坐 3、5 分钟，可以使心情舒畅，让紧张的情绪放松，保持大脑的灵活。静坐可以健脑健身。

在教学中，我们广大教育工作者，在教学中，充分调动学生学习的积极性，开发学生的智力，提高学生的智力，充分调动大脑的活动，使他们更好的接受知识，应用知识，创新知识。

7. 素质教育中发掘学生智力的措施

在教学过程中发展学生智力，并不是教师把智力"移植""转送"给学生。智力是不能从一个主体直接传递给另一个主体的。智力的发展是借助于语言工具和非语言符号等物质媒体，掌握知识、技能，经过一定的脑力锻炼而实现的。知识、技能是人类的智力活动的产物，蕴藏着人类的智力；知识、智力都是心理的东西、精神的东西，通过物质载体得到固定和概括。教学中学生正是通过语言符号和非语言符号，学习知识、技能，在吸取人类智力成果过程中，使自己的智力得到锻炼和发展。例如，数学知识是数学思维活动的结果。皮亚杰认为儿童学习数学的过程就是从一种思维结构过渡到另一种思维结构的过程。数学知识是进行思维训练的结构"材料"，数学教学从智力发展意义上说，就是学生在教师指导下，通过数学思维活动，学习数学家思维活动的成果，使自己的思维得到锻炼、发展，使原有的数学思维结构向数学家思维转化。

指导学生智力发展应贯串于教学过程的始终。备课、钻研教材、上课、答疑、辅导、组织考试、批改试卷和作业都应当分析学生思维过程，考虑发展思维的教学措施，这里仅从形成科学概念、掌握科学原理以及应用知识的实际操作等方面来说明。

在形成科学概念中锻炼学生智力

科学概念是一类对象的概括知识，以词表示，任何概念都是人类长期实践中智力活动的成果，体现着人类智慧。概念是智力结构中的基本成分，是认识客观世界之网上的纽结，是思维活动的基本单位。新概念的提出可能导致科学认识上的重大突破。就个体发展而言，新概念的形成，便成为认识新事物、解决新问题的逻辑思维工具。没有概念这样的思维单位，便不可能产生判断、推理等形式的智力活动，也谈不上智力发展。教学中学生新概念的形成，给知识增添了新的内容，影响相应的智力结构的变化。学生在形成科学概念过程中，接受、吸取了包含于其中的人类智慧。指导学生智力发展，就是有目的地引导学生形成概念的思维活动，指导他们掌握正确地进行分析、综合、抽象、概括等思维活动，把概念形成过程当作主体智力活动得到锻炼的过程。

为智力的继续发展提供生长点

在掌握科学原理过程中，为智力的继续发展提供生长点。科学原理是由科学概念构成的命题、判断，表现为公理、定理、定律、公式等形式，其语言形式是句子。判断是对两个以上对象之间关系的理解，指导学生掌握科学原理，应注意揭示对象的各种关系，如全体与部分的关系、现象与本质的关系，一般与特殊的关系，原因和结果的关系，动机和目的的关系等。通过这些教学，学生有可能进一步掌握人类智力成果。

学生在掌握科学原理过程中，需要进行判断推理等一系列智力活动，而科学原理的掌握就变为进一步智力活动的前提和出发点。教学中学生认识活动不同于自发的认识过程，在于教师遵循认识发展规律，激发学生脑力活动积极性，有计划地授予系统的科学知识。在揭示科学原理实质过程中，还教给学生运用智力的方法，有意识地锻炼学生智力。

应用知识过程中形成智力结构

在应用知识的实际操作中，形成、巩固新的智力结构。使学生把已掌握的概念和科学原理用于分析问题、解决问题的各种操作，可以通过同化和顺应使知识进一步系统化、概括化，形成调节活动的心理结构。因此知识的应用是培养能力、发展智力的重要环节。

在应用知识过程中，由练习而获得的技能和熟练本身是一种能力，它是掌握知识的重要条件，也是发展智力的必要因素。知识用于实际是从内部的智力动作向外部的完成实践任务的实际动作的转化，另一方面又是外部实际运用物体的动作转化、改造为内部观念的动作。智力的发展正是外部活动内化、简化为内部活动过程。在教学中不论通过练习进行的实际操作，或在实际生活中的应用操作，都不仅要用脑而且要用手，手脑发展相辅相成。外部运动动作发展成词的逻辑思维，即由外部对象动作转化为内部智力动作。

教学中学生通过领会和应用知识，形成技能，外部活动内化不断形成新的智力结构，不断在应用中得到巩固，改善自己智慧品质，从而使智力不断发展。

8. 提高学生智力教育的实施步骤

智力发展的关键在于发展人的主体意识和主体能力，引导学生在学科学习活动中主动参与，就必须让教师的教和学生的学立足于学生的主动发展，服务于学生的主动发展。

在主体发展活动中发展智力

在教学方面，要主动引导学生独立学习和自主活动，引导学生探究发现新的知识和认识事物规律，如数学科实验教师教学新方法和新规律时，引导学生对概念、公式、定理、定律、法则进行再发现、再创造，语文科实验教师在识字教学中引导学生自己寻找、创造识记方法，在自学指导中引导学生编拟自学提纲等。

智力的发展离不开活动、注意力、观察力、想象力、思维力的发展都与活动密不可分。学科教学要充分体现"活动"这一特征。让学生在动手操作、演示、表演等活动中去观察、想象、思考。如数学科实验教师通常采用摆、拼、切、割、做等形式让学生体会形变、量变、结构变，从而发现新知识。语文实验教师常采用先活动再表达、先活动再联想创造的形式让学生学习语言和作文，英语教师常采用创设情景记忆单词、句式等方法。学生在直观教学和主动参与活动中发展形象思维和抽象思维。

主体发展包括学生主体评价。我校数学学科在实验中重视学生自我评价能力培养，在单元目标教学过程中，在单元知识整理、单元知识测评等方面，大胆让学生通过自主活动完成，收到良好效果。

个体优势智力促进素质发展

我们重视人的优势智力类别和差异，而不刻意去比较学生之间的智商高低。我们重视幼小衔接，根据学生兴趣和幼儿期所展现的某种兴趣爱好，在一年级时为学生进行特色课程编班教学为学生在诸如舞蹈、声乐、器乐、棋类、美术、书法、手工、田径、球类、计算机等方面进行优势智力引导开发。并从一年级起就让学生自愿参加学校各类兴趣小组活动，根据小学生兴趣不稳定和不断发展变化的特点，允许学生更换兴趣班、更换特色班学习。

通过观察学生在自愿参加、喜欢的活动中的表现，发现并发展其优势智力。我们注意因材施教，根据不同优势智力的学生提出不同的学习要求，对呈现优势的学科，适当提高要求，不受统一要求的限制；对不属于个人优势的学科，只要求达到合格程度；对个别学习困难学生可再降低要求，以真正实现有差异的全面发展。

为让学生自主发展优势智力，我们的实验为学生提供各种展现优势特长的成功机会，有学校组织的各类竞赛活动；有对家长对社会的表演活动；还有学生自报自评的特长展示活动，由学生自报特长名称，自己组织材料加以展示。

学科教学中优化非智力因素

在学生发展过程中，智力因素和非智力因素起着相互促进作用。良好非智力因素的培养对智力发展起着至关重要的作用。

（1）教学注意启发性和趣味性

教学注意启发性和趣味性，让学生对学科学习产生兴趣。要求教师语言生动形象，富于情感。新课引入新颖有趣，有强烈的吸引性，教学过程要创设问题情境，设计好启发性的问题，深入浅出，从学生最近发展区切入，让学生"跳一跳，摘得到"。

（2）学习过程中好习惯培养

重视学习过程中意志品质培养和良好学习习惯的培养，在学科教学中加强思想品德教育、学习目的教育，结合具体的学习任务和学习活动进行学习自觉性，个人责任感和毅力性格培养。如在作业书写中培养一丝不苟，持之以恒的个性品质，在观察活动中，培养细致、认真的态度，结合发展思维的敏捷性和思维的深刻性。

（3）引导学生智力学习活动

注意引导学生把在某些单方面表现出的良好个性品质迁移到一般的智力学习活动中去，如学生在舞蹈、音乐、美术中所表现的专注，在体育训练中所表现的顽强，在手工创作中所表现的细致，在交往活动中所表现的热情和主动，都可引导他们迁移到其他智力活动的领域，发挥个人优势对个人全面素质发展所起的作用。

智力教育的实验效果分析

学校的整体教育目标是：以最优的教育促进人的主动发展，使教育成为促进人本发展的外部条件与人自身发展主体作用的最佳结合。通过对受教育者潜能的开发，获得可持续发展的基础，从而达成最优的教育效果，把学校办成适应现代化发展的高水平，优质化的新型学校。本课题的研究，促进了学校整体目标的实现，研究的直接效果是通过各学科子课题的研究，实现了实验初期制订的目标，绝大多数学生在智力发展过程中获得明显效果。研究的间接效果是学校教育思想、教育质量、师资素质都有了较大变化。

（1）学生的个性和潜质得到充分发展

特色课程、兴趣活动、各种各样的学科展示活动使学生按自己的优势主动发展。毕业时每个学生都会一两种乐器，有一种以上感兴趣的体育活动。有一种以上学科特长。

（2）教育教学质量有了进一步提高

做到了轻负担、高质量，毕业会考和参加全国和省市各类学科竞赛活动稳居镇市前列。

（3）学生的学习行为发生了良好变化

学习过程变得更为主动，更为自觉，探索创造欲望更为强烈，对学习更有兴趣。

（4）教师队伍得到发展和提高

实验过程中，经常组织教师学习理论，听讲座，分析、论证、总结、交流实验情况，开展实验和撰写实验论文，教师的理论水平和开展教育实验的操作技能都有了长足的进步。

智力教育的实验效果讨论

（1）创新改革对发展学生智力有明显作用

教学方法、教学模式的创新改革对发展学生智力有明显作用，今后的教学必须进一步体现启发性和学生主体性。教的重点是帮助学生激活思维，学的重点是在老师引导下自我发展。

（2）实践活动对学生智力发展产生较大影响

一方面教和学的过程应尽可能成为学生多种感官感受和动手操作体会的活动过程。另一方面，生活实践应成为学科教学的具体背景，学习不脱离生活，生活联系学习。今后的教学有必要把活动和实践摆到更为重要的位置。

（3）教师的期望对学生智力产生很大影响

由于教师在小学生心理上具有很高的威信，教师对学生的期望会让学生产生强大的动力。因而在学科教学中，教师一定要善于发现学生的闪光点，竭力引导学生自己发现、发展个人的优势智力。

（4）各学科教学存在学科差异性。

小学阶段，数学学科在培养学生自我整理知识、自我评价方面具有操作性，示范性强的优势。其他学科的自主评价在标准掌握、操作模式方面给学生带来的难度会大一些，需要针对不同学科采用不同的策略。

9. 智力训练可以提高学生智力素质

在学校的班级里，经常可以看到这样的现象：有的学生各科成绩都好，有的学生各科成绩都差，这是怎么回事呢？从普遍上看，就是前者的流体智力素质比后者要强。流体智力就是学习知识的能力。人们已经认识到人的流体智力素质是有差距的，然而却有不少人对提高流体智力素质认识不够。

智力训练与体力训练是同样的道理。列个举重的例子，随便挑选一个正常的人去进行举重训练，几年功夫后，这个人举起一百公斤是没有问题的，而没有经过训练的、有几个人能够举起一百公斤呢？恐怕很难找出这样的人。下面看智力训练的情况，做一个十位数乘两位数的心算题，一般的人怎么做也需要五分钟，有些人用再多的时间也算不下去，而参加过珠心算训练的人只要几秒人，这种差距是很大的。在我们举办的智力培训班中，有一种提高做作业速度的训练，起初我们认为学生在两节课里最多可以做完五张试卷，事实却大大出乎意料，通过半年的速度训练，有半数以上的学生可以做完十张试卷，而且不跳书写步骤，正确率很高。由此可以说明，流体智力素质不但可以用训练法来提高，而且可以翻倍的高出没有参加专门训练的人。

我们经常听到老师说：学生的流体智力素质差不多，好的也只是好一点点。为什么会有这样的认识呢？原因是他们所接触的学生、没有人参加过正规的智力训练，学生的智力是靠学习知识而提高的，或者是随着年龄的增长而提高的，这样发展壮大的智力素质当然不会有好大的差距。这就与同年级的学生其力气差不多大是一样的

21

道理。

在这里需要说明两点；一是智力速度的训练，应该放在比较熟悉的知识领域中进行，也就是相应的训练项目，所涉及到的知识是受训者比较熟悉的，如果在新学的知识领域中进行，那么不但练就不到速度，还会挫伤受训者的积极性，甚至会给受训者带来身体伤害。二是速度只是智力素质的一个内容，仅仅有速度还不够，还要提高其他的智力内容。至于智力速度是怎样提高的和怎样提高其他智力内容以及提高智力素质的原理是什么，我们在后面会讲到。

发展学生智力必须以全面实施素质教育为根基，让全体学生在发展智力过程中全面发展。"素质教育与学科教学中学生智力的发展"研究即定位于根据教育教学的目的和任务，在学科教学过程中充分运用各种教育资源，改革教学方法和手段，依据学生个性特点，先天潜质和智力优势类别全面地、主动地、不同步地发展智力，在发展智力的过程中促进全面素质发展。

多重智力原则

受美国哈佛大学心理学教授瓦德·葛德纳博士的理论启发，我们认为每个正常的儿童都具有获取新知识和创造新成果的潜力。但每个儿童智力分类组合不同，智力优势有别，学生之间只存在智力差异，不存在智力优劣。在实验过程中，我们着力发现、发展学生的优势智力，并以优势智力的发展促进全面素质发展。

主体活动原则

学生认识事物、获取知识、发展智力主要是通过学科教学活动进行的。这样的学科教学必须以学生主体活动为主，使学生变被动学习为主动学习，在知识内化过程中发展智力，在动手动脑的实践活动中发展智力。充分发挥学生自己的主观能动性。

智力因素与非智力因素相结合原则

学生的学习活动是一种复杂而艰巨的脑力劳动，成功地完成学习活动，主动和谐地发展个人智力，必须有在学习活动和智力发展活动中的浓厚兴趣、高度热情和顽强的毅力以及谦虚、自尊、自信的性格特征等非智力因素起作用，实验过程中，我们注重把提高学生智力活动水平的过程与培养非智力因素结合起来，使二者协调发展。

10. 素质教育对不同智力学生的教学要求

学生在智力发展上有差别是客观存在，统计材料表明：少年儿童中一般情况下智力超常与智力低下者各约占 3%。西方国家通常采用智力测验的方法来鉴别智力发展水平。

测定智商的公式

智商在 140 以上者为智力超常儿童，智商在 20 以下都为低能儿童。显然，智商的测定是否科学关键在于心理年龄怎样测定，某些测验的合理程度这里不去讨论，而一般认为智力超常与智力低下者是极少数，这是符合实际的。

古往今来，有许多关于"神童"的记载和报道。中国古代三国时期的曹植幼年写诗受人称赞，唐朝李贺七岁以"长短之制名动京华。"外国有大诗人但丁七岁开始作诗，大音乐家莫扎特五岁开始作曲，数学家高斯在四五岁时就能纠正父亲算题中的错误，现代控制论创始人维纳四岁能大量阅读，九岁读高中，十四岁达到大学毕业水平。近年来报刊上对"小画家"、"小书法家"、"小发明家"等时有报道。中国科技大学少年班是对早慧少年进行特殊教育的成功一例。自 1978 年创办少年班，前 12 期在全国各地选招 457 名少年大学生。入学时年龄最大的十五岁，最小的只有十一岁，原来读书年级最高的是高中二年，最低的小学五年，经少年班的特殊培养，毕业生 232 人，其中有 189 人考取了国内外研究生，占毕业生总数的 77.2%。

智力超常的成因是研究中的课题，一般认为：良好的先天素质是发展的前提，但其形成的主要因素是优良的环境与精心的教育。智力超常的儿童少年都表现出精力旺盛、求知欲强、动脑好问、主动学习、有自信心、意志坚强、兴趣稳定、养成良好学习习惯等。

对智力超常学生进行教育的要求

首先，要注意早期发现、早培养。智力超常的儿童少年被早期发现则可能培养成才，不被发现就必然被埋没，只有早期发现才能不失时机，进行及时的培养。其次，在培养过程中要全面打好基础，发展个人特长。要实现优势成才，必须有较全面的基础，德、智、体各方面都要有良好的发展，知识面不可过窄。在全面打好基础的同时又要坚持发展个人特长，放弃了特长便失去了成长的优势。另外，要引导智力超常的学生树立远大理想，不满足于已有的成绩，坚持刻苦学习，对自己提出严格要求，树立"天才在于积累，聪明在于勤奋"的思想。

在实施义务教育的过程中，对智力发展缓慢及弱智儿童的教育，同样是应该特别重视的。除设立弱智学校、弱智班进行特殊教育外，在普通学校教师对智力发展较晚的学生要给予更多的关心，针对其实际情况，适当降低要求，耐心施教，逐步促进其智力发展。

11. 政治课教学中学生智力的开发

知识经济时代强调素质教育，在全面提高国民素质的热潮中，如何培养学生的创新品质、创新意识、创新能力即智力的开发是人们普遍关心和努力探讨的问题。俗话说："眉头一皱，计上心来。"计谋的多寡取决于智力的高低。智力的高低除了先天因素外，后天的开发尤为重要。智力的开发与思维的发展是同频共振的。所以，教师要创造条件，激发学生思维，教之以思维方法，导之以思维习惯。

投石击水，激起思维浪花

智力的开发，首先在于思维的启动，思维不启动，智力就没有开发的基础，因为先进的机器只有发动起来才能做工。思维的启动需要教师在教学中要善于设疑，巧于设疑，于无疑处设疑。俗话说："学起于思，思源于疑。"教师的设疑问难能有效地点燃学生思维的导火索，撞击学生思维的火花，激起学生思维的波澜，引起学生智力的萌发。

如讲"量变与质变的关系"时，一位教师形象生动地讲述了"田忌赛马"的典故，然后问学生："田忌赛马的故事告诉了我们什么道理？"有的学生说："事物在总体数量不变的情况下，其排列组合的不同，必然引起质变。"在这里，学生显然混淆了"必然性"与"可能性"的区别。为此，教师进行了如此的质疑："事物的任何排列组合的不同都必然引起事物的质变吗？"一石击起千层浪，学生的思维由此激活，并展开了争论。争论的展开，实质上是一系列的智力较量的过程。但在争论中谁也说服不了谁，老师适时指出："如果田忌最好的马也不如齐威王最差的马，其结果会怎样呢？田忌能取胜吗？"学生豁然开朗：如果这样，即使重新排列组合，也不会发生质变。因此，事物在总体数量不变的情况下，只是其排列组合不同，也能够引起质变，但不具备质变的必然性。到此，教师又提出："田忌赛马的故事还告诉我们什么道理呢？"有的学生根据上面的分析，认为这一故事说明："人的意识具有能动性，但意识能动性的发挥要受到客观条件的制约。意识离不开物质，物质决定意识。"

教师对此给予了肯定。有的学生指出"这一故事告诉我们：无论做什么事，只要运用巧妙的方法就能成功。"这显然忽视田忌取胜的一个重要条件：齐威王每个等级的马比田忌的马快不了多少。有的学生根据前面对其必然性与可能性的分析，发现了这一提法的片面性，并给予了纠正：方法的正确只是办事成功的必要条件，但不是其充足条件。通过这种迂回提问，使学生的思维由浅入深、由窄变宽、由形象到抽象、由单向到多维。由此，学生的思维被启动，智力在思维的启动中得到开发。

适时点拨，教给思维方法

智力的高低、智力的差别是通过计谋的多寡优劣、反映事物的速度、办事成功的秘诀等形式表现出来的。教学中，教师要注重学生计策、谋略、方法、技巧的训练与培养。前苏联教育家苏霍姆林斯基说过："只有能激发学生进行自我教育的教育，才是真正的教育"这就要求教师不仅要教给学生以知识，更重要的是教给学生获取知识的方法，即"授之以鱼，不如授之以渔"，从而使学生具备自我更新、自我发展、自我完善的能力。

政治课教学要注重知识发生过程的教学，注重知识的内在结构、内在体系的逻辑联系，让学生完整有序地思考政治课的知识点，引导他们学会理清各知识的脉络，构筑起整体的知识结构。在这里，恰当适时的提问、反问、追问，引起联想，形成方法，利用新知识巩固旧知识，利用旧知识理解新知识，都是必要的。如教师在讲"人们可以认识和利用规律"时，提问让学生思考，学生根据教材内容能答出："因为规律要通过现象表现出来。"这时教师再追问："利用前面所学的知识能够理解吗？"从而引导学生进行联想，教给方法，学生就会想到"意识的能动性"，从而理解这个观点，这种联系实际上是利用知识迁移能力，达到举一反三、触类旁通的目的。

教学中，教师对学生进行思维方法与策略的指导，使学生掌握进入未知领域的钥匙，自由地探索未知领域的奥秘。提问的方法也要注意。如讲"社会主义制度下贯彻按劳分配原则的客观条件"时，采用这样几个试探性提问方式，效果就会好一些。关于社会主义社会的个人消费品：能不能实行按"资"分配？能不能像原始社会那样实行平均分配？能不能像未来的共产主义社会那样实行按需分配？要回答这几个问题，就必须对我国现阶段的所有制形式、生产力发展水平、劳动的性质和特点有一个全面的分析与了解。这种试探性提问带有"求证"的性质。求证的过程是思维与想象的高度调动，智力像鼓起的风帆乘风破浪，勇往直前。通过这种试探性提问，学生既准确完整地掌握了知识，又掌握了获取知识的方法。

著名教育家奥尼舒说："教师要把实践活动的方法教给学生，让他们独立地把知识运用于实践，独立去获取知识，并补充和扩大自己的知识、技能和技巧。"所以，教师在教学过程中要注意"由此及彼、由表及里、去粗取精、去伪求真"的思维方法的示范与训练，这样比交给学生千百个完整的答案，意义要深远得多。因为只有掌握科学的思维方法，才能获得更多更深的知识，才能实现由知识向能力的转化，科学的思维方法是智力形成的基本要素。

创设情境，养成思考习惯

智力的风帆已"鼓动"，停下来是可悲的。只有借助思考的习惯，才能在不断思考的海洋里永不停息、持续发展。

前苏联教育家赞可夫说过："教学法一旦触及学生的情绪和意志领域，触及学生的精神需要，便能发挥其高度有效的作用。"良好的情境，对学生认识的发展、品德的升华、情感的陶冶、智力的开发都具有重要意义。教学中，教师有意创造良好的情境，拨动学生的心弦，把学生带入预定的情境中，调动学生思维的积极性。如讲"等价交换的贯彻"问题时，把学生的思维从抽象、呆板的理论中，带到具体、广阔、生动的市场。首先创设一个"买者众""卖者多"的闹市，再把他们带到"单卖""众买"的邮电市场和"众卖""单买"的粮棉收购市场，然后把他们带到"酷暑"的棉被市场和"严寒"的空调市场，让他们感受到贯彻等价交换的原则是因时、因地、因物、因人而异的，从而使他们进一步思考和理解我国为什么既要求发展市场经济，又要强调宏观调控的道理。

当学生感到自己需要问个"为什么"、"怎么样"的时候，他就把自己的思维发动起来了。要使学生养成"凡事问个为什么"的思考习惯，教师要尽可能创造民主平等、和谐自由的氛围，使学生养成一问多思、一问多答、一问多解的习惯，善于进行广泛的联想，从而提出解决问题的新方案。在思维的习惯中，智力将得到升华。

思想碰撞，唤起探索欲望

认知心理学告诉我们：最有利于激发内在动力的方法，是将学习者放入一个旧知与新知之间具有冲突性的情境中，当学习者发现某种新知与其旧知相矛盾时，就会产生一种"认知不平衡"，从而产生一种"紧张感"。为了解除这种"紧张感"，学习者就会产生认知动机，努力求知。一旦学习者的问题得到了解答，这种认知不平衡所引起的紧张感就会解除，并由此产生一种轻松、愉悦、满足的情绪体验。这种积极的情绪体验能够对认知动机起到一种强化作用，进而逐渐形成一种比较稳固、有力的学习动机。因此，教学中教师要有意识地制造"矛盾"，设置悬念，使学生处于不平衡的状态，形成困惑、矛盾的心理，从而拨动其求知的心弦，点燃思维的火花，引发探索的热情，唤醒智力开发的内在动力。

如教师讲"公司是企业的一种重要形式"时，不必忙于讲课，可以先讲述了这样一个故事："1990 年夏天的一个晚上，有位小伙子在家门口焦虑地徘徊。原来是他正准备结婚，女方却要他拿出 10000 元彩礼钱，否则一切免谈，而他仅有 6000 元。此时社会上正掀起炒股热。他再三考虑，决定把这 6000 元全部买了股票，以期搏回那 4000 元。"这青年的结果怎样？什么是股票？股票能改变他的命运吗？这一连串的问题引起学生的探索欲望。教室骤然出现紧张的气氛。学生睁大双眼，耸起耳朵，聚精会神地跟着老师一起一伏的提问，一步一步地探索、思考，学生的探索欲望被唤起，可以预料这堂课的效果是令人满意的。

要培养学生的探索欲望，教师就要有意识地创造条件，去发掘学生的潜在能力，养成勇于钻研、独立思考的习惯。因此，在教学中，面对问题，老师不要急于把答案交给学生，而是引导学生去探索，去求证。对待学生的发言，老师也不要马上表示"是"或"否"的态度，以免挫伤学生独立思考的积极性和影响学生踊跃回答问题的情绪，那样可能熄灭学生求异思维的"火花"，造成"惟师独尊"的依赖心理而出现"等米下锅"的现象。在学生答案不着边际时，教师更不要急于出面代理，而是适当地启发、诱导，让学生品尝找出正确答案的愉悦。学生的智力在强烈的探索欲望中得到发展，它是形成智力发展的内在要素。

鼓励求异，培养批判精神

探索欲望是思维主体情感的内在需要和智力开发的内在动力。但思考什么，是"好主意"，还是"馊主意"，是由思维的客体是否具有新奇特点所决定的。所以，在教学中教师就要多向学生提出一些新奇的问题，吸引学生的注意力，达到开发学生智力的目的。

培养学生的求异思维是开辟学生思维领域新天地的好方法。鼓励求异，就是鼓励学生挣脱习惯思维的束缚，别出心裁，标新立异，不惟师，不惟书，不惟上，不迷信，不盲从，不满足于现成的方法和答案，敢于超越，不断创新。科学史表明，求异思维与批判精神往往是创造的开始。伽利略由于对"上帝用六天时间创造世界"这一修道院老师的讲课求异，于是就有了天文望远镜的诞生；富兰克林由于对"雷公用神斧斩妖而打雷闪电"这一奶奶讲述的故事求异，于是就有了避雷针的问世；因此，在教学中，教师要允许、鼓励学生去标新立异、"无中生有"、"异想天开"，甚至"胡思乱想"。

心理学告诉我们：孩子的天性是好奇和求异，凡事喜欢问个究竟和另辟蹊径。对此，教师绝不能压抑而应引导和鼓励。如在"内外因辩证关系"的教学中，老师讲到"近朱者赤，近墨者黑"这个成语，就有意结合"孟母三迁"的故事，把这个成语说成是"放之四海而皆准"的至理名言，借此引导学生思考，发现和培养学生的批判精神。果然，就有学生"勇敢"地站出来，提出反对意见，且响应者越来越多。他们纷纷举例辩驳老师的说法。最后，老师在肯定自己观点正确的一面的同时，表示"愿意"接受同学们的意见。在此基础上，教师又提出"环境与人才"问题，把全班同学分为两组辩论，正方的辩题是"逆境出人才"，反方的辩题是"顺境出人才"。在一场唇枪舌战之后，学生对课本知识就有了更好的认识、更深的理解、更广泛的扩充和更深的探索，学生的求异思维和批判精神得到了较好的锻炼。

要培养学生的求异思维与批判精神，教师就要放手让学生独立地去分析、去判断、去思考、去探索，对现有的方法和结论允许持怀疑、否定、批判的态度。因为没有怀疑就没有探索，没有否定就没有发展，没有批判就没有创新。墨守成规、照抄照搬谈不上智力的开发。因此，学生的思维不应静止、刻板、僵化。求异思维与批判精神促进学生智力的发展，形成智力发展的外在要素。

综上所述，智力生长于思维的沃土上，成长于科学的思维方法中。在良好的思维习惯的雨露滋润下，乘借探索欲望与求异批判精神的合力，参天的"智力"之树必将结出丰硕的"创新"之果。

12. 数字教学中学生智力的开发

素质教育要求教师在开发学生智力、培养能力的过程中，既应做到教学活动的实效性强，保证教学质量；又应克服贪多求全的心理，真正做到精讲精练，彻底挣脱"题海"的束缚。

培养思维品质，提高数学能力

现代社会生产力的高速发展对人们指出了知识需随时更新与换代的要求。在数学教学活动中，若让学生得到的仅是一些公式或定理等结论或仅用于解数学题的解题术，学生很难适应社会的需要。更何况绝大部分学生离开学校走向社会后，所从事的工作都很少用上高中及以上的数学知识，久而久之，所学知识大部分都会忘记。

学生在学习过程中提高了思维能力，就会把所学数学知识和方法迁移到其相关专业领域中去，在工作中把这种数学能力转化成其相关的工作能力。并用思维这把"钥匙"去打开其未知的知识宝库，适应科技更新与换代的需要。因而开发智能资源，必须培养思维品质、提高思维能力。数学思维主要依靠理论抽象的逻辑思维，培养思维品质应在解决问题的思维过程中进行。

解决某个未知的数学问题，开始时常有一种"摸着石头过河"的感觉，这需要鼓励并引导学生在手脑并用的过程中大胆探索，这个探索过程正是思维能动性的表现。一个复杂的问题，意想不到的收获。

从广义上讲，一切解题的方法都是探索法。探索，应从审题开始，即在准确理解题意的基础上，由各个条件和结论分别展开最直接的联想，提取并产生大量信息。如题目与哪些知识有关，有哪些方法可供选择，甚至初步估计命题者的意图等。探索应充分运用已有的信息，将已有的信息重新编排和归类；探索还应从简单的或熟悉的开始，正如做某事，需找人帮忙，你会首先想到你的亲友或邻近的人，一个看似复杂或陌生的问题总有它简单或熟悉的"配件"，以简单的情形作突破口，大胆尝试，经过运算探索后，很可能会出现意想不到的收获。

探索是有目的的，有些问题本就有明确的结论，这种题，在分析问题和试探每一步路时，必须时刻关注结论，做到"有的放矢"。即使无明确结论的开放题，往往也可以先"粗略估计"或猜想出结论可能是什么。尤其对理论性很强的数学科学更有效。通过此探索过程逐步启发学生抽象、概括出解决这类问题的常见方法，待各种

方法明朗化后，学生解决问题时靠"碰"、靠"撞"的偶然性还很强，还需把这种偶然的成功转化成必然的成功，故需再根据问题的不同需要分析各种方法的适用性和局限性，总结问题的"危险点"，使学生不受错误方法"先入为主"的影响，能从错误思路中退回来，从而培养思维的目的性和批判性。在此基础上，再结合数学分类讨论的思想，设计更深层的问题，使学生在分析与综合、类比与联想中，既能全面分析问题，又能分清主次，培养思维的深刻性和广阔性。

在解决问题的各层次中，学生必能发现一些巧解或出现某些意想不到的收获，教师应借此思维惯性，适度进行一题多解、多变、多用，从而在思维的发散与集中及问题的变化中培养了思维的灵活性，在熟练和积累中培养了思维的敏捷性。

精心构建教法，分步实现目标

学生学习数学，对概念、公式、定理的理解或证明等，通过教师讲评而听懂后，往往条件反射式地把"重心"转移到结论本身或利用结论解题上去，对数学方法也往往只注意什么题型用什么方法，而对此方法的依据不重视。学生最初虽听懂了，但并未彻底掌握，

更因以后"重心"转移而遗忘。如正、余弦定理，绝大部分高中生已能较熟练地运用，但若问如何证明，高三大部分学生短时内都反应不过来等等。这种"重结论、轻过程"的现象是中学生学习的共性，故教师应加强知识形成过程的教学。

大部分知识或方法，过程不清就无法解题或直接影响相关知识的学习。这种情况下，一开始就应淡化结论，把过程讲透，并在相关知识的教学中反复强调和运用此过程中的思想方法，并通过恰当设问，创设思维情境，进一步有意识地把学生的注意力自然地集中到过程上来。

有一部分知识，其形成过程中的思想方法在学习和运用的初级阶段作用偏小，但其结论很明，且运用结论在解题或学习相关知识中的作用较大，学生学习兴趣也较浓，形成过程不够清楚对近期学习影响不大。这种情况下，不妨先满足学生求新求快的心理，对教学确立一个近期目标和远期目标，先"走马观花"式地拖一段教学进度，学生对结论已熟练，需转入较深层的研究时，再回过头来，采取有意识设置"陷阱"让学生先错，以帮助学生发现问题，激发其研究动机，引导学生自觉由结论向过程转向，进一步解决问题。

如此分步确立教学目标，再逐步深透、逐层解决的方法，比一步到位或枯燥地强调注意过程的效果应好得多。总之，开发智能资源，既不是电视娱乐中的脑筋急转弯，也不能设想用几节单一的智能开发课来解决问题。而应是贯穿于整个教学活动与生活实践的过程之中。

建立数学思想，指导学习方法

开发数学智能，还在于建立数学思想。没有思想，则近乎于木偶。"重技巧、轻思想"是中学生学习的又一共性。学生中出现的一些解题技巧，或来自于课外读物，或来自于少部分优生的发现与创造。针对这种现象，教师在对学生赞赏之后，应紧接着分析其使用的条件，对其中常规、常用的应加以推广，但对部分过余特殊化的，则应向学生指出，这种巧解或"灵感"是知识和方法熟练到一定程度后的一种思维的"火花"闪现，具有很强的偶然性。我们不应刻意追求巧解，而应把重点放在"通性通法"上，并将这种熟练程度再上升到一种近乎于"自动化"的程度，就形成了一种高于技巧的技能。

弄清教材程序，了解编者的意图或介绍数学各分支的作用，也有利于学生建立数学思想。如解析几何中"前言"这节课，可适当让学生了解一点数学发展史，明白笛卡尔创立解析几何是为了通过坐标系把代数与几何两大领域联系起来，并可借恩格斯对笛卡尔工作的评价帮助学生把运动和辩证法带入数学，进一步认识变量数学。这样既有利于学生掌握后面的解析法，也有利于学生重新理解前面的函数知识与方法，从而建立数形结合的思想及函数与方程的思想。

深钻教材及大纲，开发教材例、习题及数学语言的应用等潜在功能，适度改造与深化教材，变更必然题为探索题或开放题，可培养学生思维的发散与集中，并进行规纳猜想，培养学生的数学意识和直觉能力。这样通过"重内容、轻形式；重思想、轻技巧"的引导，使学生从具体方法依据中升华到数学思想上来。

要搞好教学这个双边活动，还需要指导学生学习方法，使学生变被动学习为主动学习，提高学习兴趣的持久性。"天才在于积累"。数学虽主要依靠间接思维，但首先必须储备、积累丰富的基础知识等前人的直接经验，故而也要记忆。数学概念或方法的名称往往与字面上的含义有关，但更重要的是理解其内含和外延，因而应根据学生的身心特征和遗忘规律，结合科学的记忆方法和数学学科的特点，指导学生通过过程与关系，重视理解记忆和有意识与无意识相交叉的记忆方法，以提高记忆能力。

指导学习方法同时还需培养学生良好的学习习惯和注意能力。

针对数学科的特点，可通过以数学规范性的教育来实现。它包括思维过程及解题格式的规范，要做什么，应先有什么，因果关系、逻辑推理不能混乱。不少学生的解题过程总给人一种拼凑起来的感觉，正是缺乏这种规范性的原因。数学规范性还包括数学语言的规范。"数学语言是数学水平及素养的重要反映"，不会语言，等于是一个哑巴，思维也无从依靠。

配合教学管理，保证教学质量

"要成材，先成人。"教书要育人，管理出效益。老师参与或配合教学管理的过程中，在搞好教学常规，保证教学秩序的前提下，应结合其学科特点、社会需要、生活实践、学生个性特点及个人需要，对学生进行具有实质性内容的前途、理想教育，帮助学生明确学习目的，培养学习兴趣，从而健康、全面发展。否则，"为中华之崛起而读书"就成了一句空洞的口号。数学科是一门理论性很强的自然科学，其本身内容的丰富性、逻辑的严密性及思维的灵活性均可培养学生的学习兴趣。

数学思想与方法、数学与相关学科的联系、数学研究的对象及数学的作用、生活中的数学、数学高考题的研究和开发等等，都可作为激发学生学习动机的材料。日常生活中，教师与学生的闲谈也能富有教育意义，可针对不同学生的兴趣特点，通过管理、天文、军事、公安、体育、三峡工程等话题，从公元前五世纪古希腊毕达哥拉斯学派研究数学的美学情趣万物皆数，与第一次数学危机，到20世纪初数学家的惊叹："惊人的巧合——万物皆数。"让学生从这个历史经历了的否定之否定的过程中感受到数学的伟大作用。

考试是教学管理的一种必要手段。事实上，素质教育与应试教育是一对既对立而又统一的矛盾，正是当前这一主要矛盾推动了现行教育的发展。只要我们的教学活动符合教育心理学的规律，符合学生的身心发育特征，符合教育三个面向及民族的需要，不是仅为了考试而教学，就不会走向应试教育这一弊端。

处理好教学与考试有两点值得注意：一点是不考的内容是否一定不教学。如高中数学教材中，数列部分出现了由线性递推公式推证通项公式的习题，超过了高考"考试说明"控制了的难度要求，而处理此问题所用的待定系数法及等比数列等知识又是必须要求的基本方法和基础知识，故可根据学生的实际水平，适当处理线性递推等教学内容，有利于提高学生的认识水平。因而不考的内容，只要有利于培养数学能力，而又不影响整个教学计划，也可安排教学。当然这要求把握好不同班级的学生水平，符合因材施教的原则，内容也不应过分膨胀，并应分清主次。

另一点是要考的内容又如何去安排教学。如近几年高考数学考试中出现的应用解答题，涉及到的淡水养鱼与市场价格，人口增长与土地流失，汽车运输费用与速度等，均是当前经济与资源等热点问题的解决。其目的是要求学生具有数学应用意识，考察学生把普通语言转化为数学语言的阅读理解能力，运用所学数学知识和方法分析问题和解决问题的能力。只要日常教学中注意了对相关能力的培养，解应用题必会水到渠成。因而要考的内容也应以知识、方法及能力为核心而教学，而不应是围着考题的形式而打转。

总之，教学改革既不是照他人的样而依样画葫芦，成了东施效颦；更不是墨守成规，只按惯例或教参课时安排教学。而应是在广泛吸取传统和他人教学营养的基础上，有目的、有计划地按教育的客观规律和科学的教学原则，选择或创造恰当的教学方法。这样，学生高素质必好成绩，高分也必高能。

13. 美术教育中学生智力的开发

智力是个体在认识过程中各种能力的综合产物，是人类改造客观世界以适合自身素质需要的心理结构。人类从原始社会发展到高科技社会，每一个发展阶段都是智力发展的过程。所以，智力开发的快慢直接影响着社会发展的快慢。在学校教育中，以培养观察力、记忆力、思维能力、想象力和创造力为目的的美术教育同样是智力开发的重要因素。

从 1919 年我国爆发了"五·四"新文化运动，给中国的文化艺术以巨大的影响。西方哲学、政治学、美学、文学等被广泛引入，使中西文化的交融与冲突，也成为美术发展的强大动力。中国美术教育走入学校是从民国期间，蔡元培先生主张的"美育代宗教"说开始的，美术教育的目的是让每个学生都能受到教育、让他们对世界有审美的基本能力、在学校美术教育中要注意学生智力的开发。

学校美术教育的真正目的不是培养一个专业的画家，而是在于培养一个乐观、自信、敏锐、健康的民族。

美术教育发展了学生的视知觉能力

从开发智力的意义方面考虑，美术教育发展了学生的视知觉能力。每一个人的视觉是不一样的，同一个物体给不同学生的感受也是不同的，可能是体积的美、可能是线条的美，所以，同样的物体，不同的人去感受、去画，会出现不同的风格，所以，在美术的表现手法上，出现了不同的美术流派。美术教育不但在学生的视知觉有其他学科无法替代的作用，也使学生在美术学习中得到审美的收益，而且，直接促进了学生智力的发展。

美术教育促进了学生的观察力和记忆力

学生再对物体进行观察的同时，也是一个记忆的过程，因为现代美术教育教学中，不但让学生写生，还要求命题作画。在美术教育中写生就是让学生现场观察物体，进行描绘，要求学生必须有很强的观察能力；而命题作画，就不像写生那样对照物体进行描绘，而是，凭日常生活中对物体的观察后记忆所描绘的，要求有很强的记忆力。形象的储存能随时满足人的智力或创造活动的需要。所以美育也促进了人类智力的开发。

美术教育培养了学生的思维、创造能力

思维是智力的核心，创造是智力的成果。没有良好的思维品质就创造不出高质量的美术作品。在美术教育中很注重对创造能力的发展，在初中一年级下册的美术课中有几节课主要训练的就是学生的创造力，例如：《天趣盎然的根雕艺术》、《泡塑雕刻动物》、《仿制画像石》，还有几节设计课，都是围绕着开发学生的创造力开展的，让学生在思考和设计的同时创造能力也得到了发展。在美术学习中培养学生的思维和创造能力是智力发展的重要因素。

美术教育提高了学生的分析判断力

美术教育使学生的概括、分析和判断能力都得到提高。因为在美术学习中绝非以画的像为最高标准，而是要求学生在掌握比例、透视、结构的前提下，去高度的概括对象的形象特征，摄取本质的精神特征，如在画一个蓝色的衬布时，上面有许多黄色的小点，学生训练中就把它们概括为绿色的色块。在绘画中还要懂得取舍、疏密关系的处理，这些都是对学生概括能力的训练。培养学生的概括、分析和判断能力是智力开发的重要手段。

心理学研究表明，学生的美术学习活动受心理多维结构的控制，是智力因素与非智力因素协同活动的结果。要想最大限度的发挥聪明才智，不但需要发达的智力，而且需要非智力因素的积极参与。实践证明，在美术学习中一方面重视形象思维的训练，发展学生智力；另一方面要重视激发学生的学习动机，培养美术学习的兴趣，通过非智力因素来开展学生的智力。在美术学习中智力开发的途径约有以下几方面：

（1）重视双基学习，增强理解能力

美术基础知识和基本基本技能是美术学习中最基本的内容，也是智力开发的主要途径。美术学习内容中的透视、解剖、构图、色彩、鉴赏、美史及各种美术技法理论都是美术学习的基本知识，各种操作性活动都是美术学习的基本技能，美术基础教育是通过造型技术的训练方法传达一种造型思维方式实现的，这些方法和方式只有被主体的知性和悟性过滤，调动起主体能动性才能使人的潜能的以启动，反之就起干扰作用，丧失自己的直觉能力.

（2）重视知识应用，提高创造能力

学习美术基础知识和技能的目的在于使其应用于欣赏，写生、创作和设计等艺术实践中培养学生的鉴赏能力和表达能力，世界艺术大师马蒂斯曾说过"准确的绘画不等于真实。"教师在进行辅导时，通常都是纠正学生技巧方面的错误。如造型不准、比例透视有问题——哪里应该暗、哪里应该亮一些等等，如果这种技术性的指导，没有和画的情感表达目的结合起来，就会给学生一种暗示，高超的技巧是准确地描绘客观的脑力，而非客观准确的真实是先有情感体验，而后找到一种真实表达它的方法。

（3）重视风格不同，促使形象转化

美术的形式是多样的，形式不同的风格也是一种正常现象。例如：凡·高的绘画技巧在同时代的画家中不属于优秀者，也不被人们所欣赏，但凡·高的绘画技巧最有效地表现出他的情感。这就达到了目的。在美术的学习中还有丰富表达能力、培养思维品质等等。

总之，在美术发展的诸多因素中，对智力的发展最注重的一个方面，在学校中发展美术教育实质，在学校中发展美术教育是智力开发的一个重要途径，希望全国的美术教育工作者齐心协力为美术的发展，也为全民族能迅速的发展，把美术教育进行到底。

14. 体育教学中学生智力的开发

关于智力的概念，众说纷纭。我们所说的智力，是指人们在熟悉过程中所形成的比较稳定的、能确保熟悉活动有效进行和发展人脑聪明功能的心理特征和总和。主要由注重力、观察力记忆力、想象力、思维力等五个基本因素有机结合而成。一般地说，智力是先开遗传素质与后天教育、环境的影响以及个人的努力相结合的产物。

健康的身体是智力发展的物质基础

关于体育锻炼与中小学生智力发展的关系，历来是教育家们所注目的问题，从古至今，莫能例外。古希腊哲学家亚里士多德指出："在教育上，实践必先于理论，而身体的练习须在智力练习之先。"

英国教育家洛克说："在健康的身体方有健全的精神。"苏联教育家苏霍姆林斯基说："关心儿童的健康，是教育者的最重要的工作。儿童的精神生活、世界观、智力发展、知识的巩固性、对自己力量的信心，都取决于他的生命的活力和精力充沛的程度。"

智力是人脑功能的表现，所以智力的发展是以人脑的机能状况有直接关系的。而人的机体是一个高度统一的有机体，大脑的健全又依靠整个身体的健全、有的研究已初步证实，记忆力和智力是一种化学物质特性，由细小的蛋白质分子—多肽物质组成。这些物质的运动与大脑的机能状态有关，工作条件愈适应、愈良好，大脑对外界信息的接收就愈快，储存也就愈牢固，信息与信息之间的沟通也就愈灵活，信息的显示就愈鲜明，对信息的辨别也就愈精确。大脑是高度复杂的物质所组成的，它的生长发育需要充足的氧气和营养物质，这必须由充足的血液来供给。人的脑重只有体重的 $1/40$ 左右，但供给脑部的血液却占心脏排出血量的 $1/4$ 左右，耗氧量占全

身的 *1/5* 左右。在繁重的脑力劳动时，大脑还要消耗更多的氧气和营养物质，对各种微量元素的需求比较高。中小学生的大脑正处于快速生长发育时期，新生儿脑重是成人脑重的 *25%*，六岁时已达成人脑重的 *90%*，十二岁时已接近成人的脑重。

可见，青少年儿童大脑的生长发育速度是很快的，供给足够的氧气和营养物质十分必要的。经常参加体育锻炼，能加强新陈代谢过程，改善循环、呼吸系统的功能，这对中小学生大脑的发育是有良好作用的。由于生物的进化，人类经常处于竖立和坐姿，使大脑处于高于心脏的水平位置，因而大脑所需要的血液完全靠心脏"泵"上去是不可能了，这还需要靠血管的弹性和骨骼肌收缩的唧筒作用来完成。全身长期处于安静状态，是很不利于大脑供血的，不利于大脑的生长发育的。因此，中小学生假如缺乏充足的体育活动，将会导致影响大脑的正常发育的，也就影响了智力的发展。苏联教育家苏霍姆林斯基经过 *20* 多年的调查研究，发现学习落后，乃至留级的学生，*85%* 不是由于思维迟钝，而是由于身体虚弱、健康不佳所致。

体育锻炼是发展智力的一个重要手段

不同性质的动作，能给大脑神经细胞提供各种刺激信息，有助于改善大脑皮层的结构与功能。

（1）体育锻炼能发展学生的观察和感知能力

许多种体育活动，要求参加者观测空间大小、方位、距离和目标，有些活动还要求参加者能迅速准确地观察和判定对方的动作和意图，快速作出正确的反应。于是，经常参加体育活动，能有效地培养中小学生的观察力和感知能力。

（2）体育锻炼能培养中小学生的注重力

参加体育活动对参加者的注重力要求较高，无论是赛跑的起跑，还是球类运动的起动前，都要求全部注重力集中在即将发生的动作上。在整个练习过程中，时刻要求注重自己的动作（协调、准确、优美）、注重他人动作和环境的变化。此外，注重力的集中与分配，注重力的广度与转移等能力，都能在体育锻炼中得到培养和锻炼。

（3）体育锻炼能增强记忆力

参加体育锻炼，需正确记忆各种动作名称、技术结构、动作要领等，这种明显的体育文化传递性质，直接培养了记忆力。此外，体育运动中各种动作技能的形成和提高，都必须在记忆表象和想象表象支持下实现。所以通过体育锻炼，能促进人们直观形象记忆能力的发展。

（4）体育锻炼能丰富想象力

在体育锻炼过程中，学生们不单纯进行机械模拟，而且有许多创造性的活动，游戏、比赛中更为明显。

（5）体育锻炼能促进思维能力的发展

任何体育动作的完成，都是运动条件反射的完成与实现。这除了靠自己过去的运动经验和模拟他人的动作以外，更重要的是在积极思维的指导下进行反复的练习。只有动脑，开动思维机器，才能提高动作学习效率，更高质量地完成动作。有人做过实验：让从事球类运动和不参加体育活动的人完成同样一件事，前者用的时间是8.19秒，后者却用13.24秒。科学工作者对出生六个星期的婴儿脑生物电流测量中发现，长期对婴儿进行右手的屈伸练习，能加速大脑左半球语言区的成熟，练习左手则相反。又发现一个以右手劳动为主的成年人，其大脑左半球的语言机能占优势，体积也是左侧大于右侧。

（6）体育锻炼能促进非智力因素的发展

非智力因素泛指智力以外的一切心理因素，是相对智力因素而言。从狭义来说，非智力因素主要指感情、意志和个性。体育锻炼能培养学生的感情，锻炼意志，培养性格，这已众所周知。这些非智力因素是学生们发展智力必不可少的素质。情感能直接转化为学习动机，成为激励学习的内在动力。假如有高度的学习热情，就会乐不知倦地进行学习，从而提高学习的效率。意志和性格在把握知识过程中同样发挥着不可估量的积极作用。爱迪生认为"创造的成功是 1 分的灵感和 99 分的血汗。"

（7）中小学生体育锻炼的适宜时间与数量

美国赫瑟灵顿研究认为，一天适宜的户外活动时间是：小学生 4~5 小时，初中生 2~3 小时。高中生 1~2 小时，苏联经过多年的研究认为，天天至少参加 1 小时的体育锻炼，才能满足中小学生的需要。

因此，苏联、日本和我国等先后提出中小学生天天应参加不少于 1 小时的体育活动。苏联学者研究认为，中小学生的上午第二节文化课以后，参加 20 分钟左右的课间活动，能明显提高第三、四节文化课的学习效率；下午参加课外体育锻炼，能感到精神轻松愉快，头脑清醒，有利于晚上的学习等。

15. 劳动教学中学生智力的开发

在普通教学中，加强劳动技术教育和职业技术教育，已成为当今世界各国教育改革的趋势。越来越多的国家把劳动技术教育作为一门独立课程纳入教学计划，使之成为整个教育体系中的重要教育环节。

然而，长期以来，由于种种原因，我国小学的劳动教育尚未普遍引起足够的重视，在许多人眼里，劳动就是干活，使得小学劳动教育徘徊不前，举步维艰。苏霍姆林斯基说："劳动在智育中起着极其重要的作用，儿童的智慧在他的手指尖上。"在由应试教育向素质教育转轨的今天，我认为劳动教育的目的不仅在于通过教学使学生了解和掌握一些基本的劳动知识，学会一些简单的劳动技能；培养学生良好的劳动习惯，树立正确的劳动观点，更重要的是在劳动教学中发展学生的智力，发展学生的实践能力和创新精神。这也是我们往往忽视又必须重视的一个重要教学目的。

劳动与智力发展的关系

马克思主义认为，劳动创造了人，劳动创造了人类社会。人与动物的区别正是在于劳动。劳动是一个复杂的用手操作的过程，也是大脑复杂的思维过程。在劳动中用什么工具，用什么作原料，怎样去设计、去加工，劳动产品派什么用途等等，这些都需要人脑的思考、判断和推理。劳动过程是人使用双手，促进脑的发展，并将脑的智慧物化为成果的过程。因此，当我们面向需要不断创新的新

世纪，为培育适应社会发展的新型劳动者而设计更好的开发人脑功能的劳动教育时，我们不能忘记人类发展的这条规律，即劳动创造了人，正是使用双手的劳动才促进了人脑功能的不断发展。

现代智力观认为动手操作技能是智力的一种基本成分。因为动手操作与动脑思维是密切联系在一起的。从某种意义上说，手是脑的器官或外在部分，通过形象思维在人脑中形成的技术方案或制作模型，必须由大脑皮层神经网络控制下的动手操作才能外化为可见产品。外化的产品在操作过程中，还要经过脑与手的多次"信息反馈"才能最后形成。一方面脑的活动要纠正手的操作，另一方面，手的操作也能修正脑的思维。这样多次反复，手的动作才能越来越熟练和准确；同时，也使外化的产品变得越来越精细。俗话说"心灵手巧"，就是这个道理。

早在 200 多年前，瑞士教育家、现代教育学的创始人裴斯泰洛齐就主张"使儿童心、脑、与手和谐发展"的教育。他认为："智力的发展主要来自运用我们的感官和四肢"，"实践技巧的萌芽存在

于孩子身上，只有通过练习才能发展成熟。它要靠感官和四肢的实际运用，但其进步直接与心智的生长有关，内部和外部的因素必须永远保持密切的联系。"他从教育发展和自己的教育实践中所总结出的这些理论，是合乎人的发展和人脑发展规律的，对我们今天的劳动教学有着指导和借鉴意义。

劳动教学中发展学生智力的方法

引导学生自主参与，可以培养学生的主体精神，鼓励学生操作探索，可以挖掘学生的创造潜能，发展学生的智力。

（1）自主参与，操作探索，挖掘创造潜能

在手工制作课中，我常常让学生自己去准备材料、用具，让学生在准备的过程中了解其性能，思考其用途，使学生心中有数，不至于上课时手忙脚乱、心情紧张。如让学生利用废物制作小工艺品，学生拿来了瓜子壳、树皮、鸡毛、鸡蛋壳、零碎布等，由于已根据废物的形状、大小、颜色、纹理、质地，进行了认真的思考、想象和设计，再经过学生的精心剪贴、美化，这些地地道道的垃圾废物变成了各种美丽的工艺品，尽管有的做得比较粗糙，但比模仿制造的更有价值。

学生在操作的过程中，手的动作和思维之间进行着不断的信息传导，思维在检查、纠正改善着操作的过程，这种在操作过程中的相互作用引起的反复思考是一种无可比拟的发展思维的良好手段。其可贵之处就在于学生的思维一直处于运动之中和探索之中。

例如，在上《制作风筝》这一课后，学生提着自己制作的风筝到操场上试飞，怎么会飞不起来呢？试着调整一下提线的角度，哦，飞起来了！但风筝飞不平稳，一会儿又掉下来了，怎么办呢？试着在风筝的左边粘上一块橡皮泥来保持平衡，又怎么老打圈圈，经过多次思考、改进，终于风筝飞起来了，越飞越高。看着自己制作的风筝放飞在天空，孩子们脸上的表情真的难以用语言来描述。学生在不断改进风筝的整个放飞过程中，思维一直处于不断的运动和探索之中。所以我们劳动课教学就是要在操作中激发学生的思维，促进学生主动积极思考，让劳动课成为每个学生都能建树的殿堂。成功之乐将引导学生在科技探索的道路上越走越自信，越走越大胆，从而培养他们敏捷的思维，不断进取，不断探索的精神。

（2）加强实践，理论联系实际

据对"神童"研究的发现，往往儿时的"神童"和"分数好"的学生，其学习书本知识的能力很强。但由于他们缺乏动手操作和社会实践的锻炼，当他们成年之后，大多数趋于平常，相反，凡是在人类发明史上有所建树的人，大都是勇于实践并且具有较强操作能力的人。

例如众所周知的爱迪生，直到 8 岁才上学，且因学业成绩差，小学三年级就退学了。但他幼时就爱动脑和动手，其母因材施教，针对他爱思考和动手能力强的特点，鼓励和支持他动手做实验并参与社会实践，后来他终于成为举世闻名的大发明家。所以，我们必须重视在劳动教学中为学生提供能使他们主动学习、多动手操作和多参与生产劳动和各种社会实践的机会，从各个方面来发展学生的智力。

劳动课教学过程中的实践活动大致可以分为课堂实践、家庭实践、社会实践三种类型。课堂实践活动的特点是：学生在较短的时间里，运用从课本上所学到的知识，能独立地进行实践活动，并完成相应的实践内容，达到掌握知识，形成一定的技能，发展学生的智力的目的。课堂实践使全体学生人人参与动手实践，形成良好的实践氛围，有效地保证了教学质量，对于培养学生的手脑协作能力，发展学生的思维具有较好的作用。具体内容有：针线活类、小制作类、自我服务类、手工艺类。这类实践活动让学生利用课前准备好的材料进行构图、着色、裁剪、粘贴、包扎等一系列的尝试，完成一件件作品，其中的每一步凝聚着学生的智慧和劳动，而且学生最容易看到自己的劳动成果，感受成功的喜悦。成功可以激励学生追求更高的目标，付出更多的智慧。

在劳动课中，有许多内容属于生活常识、生活技能的，课堂上一时无法实践的，或在课堂上人人参与实践比较困难，但对于学生的生活非常有用，则可以延伸到课外，作为家庭实践的内容，鼓励学生积极参与，使课内学习和课外实践活动相结合。这要与家长取得联系，让学生在家庭中多次实践，以培养学生独立生活的能力和运用自己的智慧来生存的能力。具体内容有：家政类的、自我服务类的、生活常识类的、关心体贴长辈类的。为了将教学的目的落到实处，应建立和完善评价反馈制度。通过此类实践，让学生学以致用，真正具有生活的技能，学会生存，并在家庭实践中发展学生的智慧和才能。

劳动课中有许多内容要求学生走向社会、服务社会，在社会这个大学校中学习、锻炼、实践、成长。教师可以集体组织学生走上社会去看看、问问、做做，也可以按居住区域进行分组，让学生进入社区，服务他人，服务社会，增强社会责任感，实现自我价值。让社会来检验我们的学生的知识和技能，来健全学生的人格，同时也促使学生在社会实践中学习知识、增强能力。

劳动课与学生的发明创造结合起来

发明是智力活动的最高境界，发明创造来源于劳动实践。劳动课为学生提供了参与劳动实践和掌握基本科学方法与基本操作技能的有利条件，这些都为学生的小发明、小创造奠定了一定的基础。因为劳动课是面向全体学生的必修课，使它与学生发明创造结合起来，就可使人人都能从小参与发明创造，从而改变原来那种"发明创造只是少数人的兴趣活动"的错误认识。

如在教《制作磁吸式擦玻璃器》一课中，要求在聚苯板外面包上纱布，然后缝制好，学生在使用中发现效果并不好，其中的一块磁铁老是掉下来，怎样能提高它的使用效果呢？有的学生在实践中发现，玻璃窗从上擦到下，让两块擦板只作左右和上下移动，就不会掉下来；有的学生提出改用磁力更强的磁铁，课后，同学们通过改用磁铁，效果果然不错。擦玻璃器经几次使用后，学生发现其擦净效果变差了，原来纱布沾尘严重，自然影响效果，而纱布缝在聚苯板外，聚苯板又需防水，不便清洗，怎么办？学生说，将纱布的缝制改用透明胶粘，既方便拆洗又不影响磁力。对每一位学生来说，这既是一次创造活动，也是一次内部动机的激发。

　　面对新世纪，应大力弘扬以发展智力为特色的劳动教学，为学生的全面发展架起一座七色彩桥。

第二章

学生智力素质教育与升级的故事推荐

1. 必需的好奇心

有个科学实验是这样的：刚开始，有五只猴子被关在一个笼子里，笼子上头有一串香蕉，实验人员装了一个自动喷水装置，猴子若想拿香蕉，马上就有水喷出来，使五只猴子变成"落汤猴"。猴子们全都尝试过拿香蕉的后果后，达成一个共识：只要其中有一只猴子拿香蕉，全部猴子都会遭殃。

实验人员慢慢把猴子换掉。新猴子 A 加入后，马上想要拿香蕉，其他四只吃过亏的旧猴子就把它痛扁了一顿。新猴子心有不甘，试了几次，每次都被打得满头包。

又有新猴子 B 加入，换走了一只旧猴子。B 看到香蕉，就急得想拿，结果也被其他四只猴子扁了一顿，A 还特别用力地揍它出气。后来每只曾被水喷过的旧猴子都被换掉了，但还是没有猴子敢动那串香蕉。猴子们都不知道为什么，只知道，想拿香蕉就会被打得鼻青脸肿。

这个故事，说明了"传统"的由来。

我们和猴子一样都属于灵长类，或许比它们聪明，但两者也有相似之处。动不动就搬出传统的人，往往从来不曾弄清楚传统的内涵，莫名其妙受了苦的人，一旦看到新的叛逆者出现，反而可能变本加厉地打压他。

人类的文明进化其实不是建立在传统上，而是建立在传统与反传统不断蜕变的交替过程中的。还好，人不是全像实验中没被水喷过、只被扁过的猴子一样，"只知其一，不知其二"地制止后来加入的猴子。否则，我们现在可能还停留在钻木取火的年代。

好奇心加上创造力，推动文明向前迈进。企管作家 JackMingo 曾指出我们所酷爱的许多产品，都是靠直觉、猜测和幻想做出来的。它们的发明人不但特立独行，在旁人看来甚至疯疯癫癫、胡言乱语。这是因为，要创造全新的东西的确需要全然不同的眼光，全然不同的眼光，就是好奇心。然而，观念上的传统，比科技上的传统更不容易更新。

一个真正的乐观者，必然是一个会思索何谓传统、何谓未来的人，总是以好奇心看待一切新鲜和陈旧的事物。曾经为历史创造新篇的人，靠的都是不愿全然把自己送给传统的心。就如爱因斯坦所说的"我没有特别的天分，只是好奇心十分强烈而已。"

2．聪明人的眼光

美国第 16 任总统林肯，是一位眼光敏锐、接受新事物能力很强的智者。

有一天，林肯独自一人来到华盛顿的大街上，那时还没有电视等先进媒体的传播，他只要稍加改装，就不会被人认出来。忽然，他发现在一家名为《智慧》的杂志社门前围了一大群人，于是他也好奇地凑了上去。结果发现，在华丽的墙壁上竟钻了一个小洞，洞旁写着醒目的几个大字"不许向里看！"然而好奇心还是驱使人们争先恐后地向里观望，林肯也顺着小洞向里看，原来里面是用五彩缤纷的霓虹灯组成的一本《智慧》杂志的广告画面。

林肯总统觉得这家杂志社很有创意，回来就吩咐秘书为自己订了一份。果然，《智慧》杂志不论内容编排、版式装帧、封面设计，还是印刷质量，都堪称一流，颇受林肯的喜爱和青睐……这天，林肯处理完一天的公务，顺手拿起一本新到的《智慧》杂志翻阅起来，翻着翻着突然发现这本杂志的中间几页没有裁开。林肯很是扫兴，顺手将杂志放到一边。晚上，林肯躺在床上突然想起了这本杂志，既然这是一份大家喜爱、风行全国的杂志，在管理方面应该是十分严格的，按常理绝不会出现这种连页的现象。他由此联想到杂志社在墙壁小洞上做广告的事，难道这里面又有什么新花样？他翻身下床，找到这本杂志，小心翼翼地用小刀裁开了它的连页，发现连页中的一节内容竟被纸糊住了。林肯想，被糊住的地方大概是印错了，但印错的内容又是什么呢？好奇心驱使林肯又用小刀一点点儿地撬起了糊纸，下面竟写着这样几行字："恭贺您，您用您的好奇心和接受新事物的能力获得了本刊 1 万美元的奖金，请将杂志退还本刊，我们负责调换并给您寄去奖金。——《智慧》杂志编辑部。"

林肯对编辑部这种启发读者智慧和好奇心的做法极其欣赏，便提笔写了一封信。不久，林肯总统便接到新调换的杂志和编辑部的一封回信：总统先生，在我们这次故意印错的 300 本杂志中，只有 8 个人从中获得了奖金，绝大多数人都采取了将杂志寄回杂志社调换的做法，看来您的确是位真正的智者。根据您来信的建议，我们决定将杂志改名。这本杂志，就是至今仍在风靡世界的《读者文摘》。

在故意印错的 300 本杂志中，机遇就摆在 300 人的面前，但绝大多数人熟视无睹。只有 8 个人抓住了机遇，还不到总数的 2.7%，为什么只有 8 个人在"平凡"之中发现了"非凡"，获得了奖金？

大地回春向万物发出了请柬，但并不是每一粒种子都能发芽；机遇在人群中穿行，但并不是每一个人都去奋力捕捉。机遇的确时有时无，但与其抱怨没有机遇，倒不如历练发现机遇的眼光。变革年代，是一个机遇特别多的年代，也是特别需要有一双能发现机遇的眼光的年代。

3. 发挥你的想象力

美国家庭日用品制造厂艾比士公司制造出心形塑料水桶，在美国市场上造成抢购的热潮。一般消费者长期受"水桶就是圆形"的观念所限制，新制造出的心形塑料水桶当然会大受欢迎，心形水桶不仅外形可爱，使用时也可以得到许多乐趣，同时心形尖端是水的流出口，非常实用。

冰淇淋的容器多采用圆筒形，但日本雪印乳品开发的"亚特利"冰淇淋，以流行的容器包装吸引了不少消费者。"亚特利"冰淇淋采用了带着漂亮花饰的椭圆形容器，每年3月和9月，都会根据当时的趋势，改变容器上的花样。

日本一家小公司老板藤野中道因工作关系，经常到全国各地出差，他请不起留守公司负责听电话的职员，就利用电话答录机接受客户订货。但很多时候等他出差回来时，听到电话答录机的订货、交货日期已经过了。为此，藤野很苦恼，于是思考着如何解决这个问题。他提出把打到无人公司的电话转接到指定场所的转送电话业务。很快，这种电话转接业务被日本企业界视若至宝，出现了专项转送电话服务公司。

4. 废地变宝的秘密

在美国加州海岸的一个城市中，所有适合建筑的土地都已被开发出来，并予以利用。城市的另一边是一些陡峭的小山，无法作为建筑用地；而另外边的土地也不适合盖房子，因为地势太低，每天海水涨潮时，那里总会被淹没一次。

一位具有想象力的人来到了这座城市。

具有想象力的人，往往具有敏锐的观察力，这个人也不例外。

在到达的第一天，他立刻看出了这些土地赚钱的可能性。他先预购了那些因为山势太陡而无法使用的山坡地。他还预购了那些每天都要被海水淹没一次而无法使用的低地。他预购的价格很低，因为这些土地被认为并没有什么太大的价值。他用了几吨炸药，把那些陡峭的小山炸成松土，再利用几台推土机把泥土推平，原来的山坡地就成了很漂亮的建筑用地。另外，他又雇用了一些汽车，把多余的泥土堆在那些低地上，使其超过水平面的高度，也使它们变成了漂亮的建筑用地。由此他赚了不少钱。

他的钱是怎么赚来的呢？只不过是把那些泥土从不需要它们的地方运到需要的地方罢了，只不过是把没有用的泥土和想象力结合罢了。那个小城市的居民把这人视为天才，他确实也是天才。

5. 裘斯的发明

小牧童裘斯是美国加利福尼亚人，由于他有着非凡的智慧，善于思考，发明了铁蒺藜，后来成为世界著名的大企业家。

牧童小裘斯的工作就是每天早晨从羊舍里把羊赶出来，让它们吃草，更重要的是还要监视羊群不要越过铁丝的界限到邻家的菜圃里吃菜。牧羊场与菜圃的交界处有六条铁丝做成的栅栏，约 50 米，另外大约有 20 米是以本来就有的玫瑰花丛来隔离的。

羊群安静吃草时，小裘斯闲着没事，就拿出一本书来读，或者在那里呆想："我的朋友们都上中学快毕业了，将来有的做官，有的做企业家，有人做学者，穿着漂亮的衣服，提着皮包，而我呢……"有一天，他在忧伤中不知不觉睡着了，结果菜圃被羊吃得一塌糊涂，他也遭到老板一阵臭骂。

这件事发生之后，他经常想："怎样做才能使羊绝对无法越过栅栏呢？"当他看到羊从来不穿越玫瑰的花丛时，突然领悟："是玫瑰花浑身的刺挡住了羊，羊怕刺。"

悟出了这番道理，他高兴极了。几天之后，聪明的小牧童裘斯终于想出了绝招：把铁丝用老虎钳剪成 3 厘米左右的一段，再把它缠到铁丝上做个刺。铁丝上缠满了这样的刺儿，羊就不敢闯过去了。不到 5 天，他就把全部栅栏加工完毕。

第二天，他悄悄地躲在一边观察羊群的动静，羊很驯服，也很机灵，它们一看裘斯不在，马上就成群结队奔往铁丝栅栏。当它们要穿过去时，却被铁蒺藜挡住了，有的还被刺伤。它们一时都被吓住了，无可奈何地伫立在那儿哀叫。

"成功了！"裘斯高兴地拍手跳起来。

"这个铁丝刺儿一定会受到人们欢迎，那时候我就不再是个牧童了。"他的上进心很强，不甘心永远当一个牧羊人，他想做一个企业家。

旁边的牧场主看到了铁蒺藜的妙用，受到启发，这不用牧童看守的铁丝刺栅栏太理想了，他们也跟着用铁丝刺围起来。

裘斯看到这个事实后，立即向有关部门申请专利，半年后，他所申请的专利批下来了，裘斯便与主人合作制造。由于铁蒺藜很有用场，他又懂得如何去推销，因此销路非常好。于是裘斯又雇来技师进一步研究，把手工制造改用机械大批量生产。裘斯的这项发明，受到社会各方面的欢迎。家庭、学校、工厂、公司都竞相使用铁蒺藜做篱笆，军方也用它设置障碍，大量的订货单如雪片般飞来了。随后世界各地也相继使用。

世界各地的用户来势汹涌，订货数量庞大得惊人，他的工厂供不应求，无法应付。他又想了一个办法，允许各地的厂商自己来制造，但每制造 1000 米，他收取 1 美元的专利费。

17 年的专利期限终了时，他的财产之多实在惊人，终于圆了当一名世界级的大企业家的梦想。

6. 一块铁的价值

一块铁摆在铁匠铺里，好几个匠人都看上了它。

第一个人是个铁匠，他没有提高技艺的雄心壮志，他觉得这个铁块的最佳用途莫过于把它制成马掌，他为此自鸣得意。

他认为这个铁块本身只值七八元钱，所以不值得花太多时间和精力去加工它。他强健的肌肉和精湛的技术已经把这块铁的价值从七八元提高到八十元了。

这时，来了一个磨刀匠，他受过一点更好的训练，有更大一点的雄心和更高一点的眼光。他对铁匠说："这就是你在那块铁里见到的一切吗？给我一块铁，我来告诉你，头脑、技艺和辛劳能把它变成什么。"

于是，铁被熔掉，炼成钢，然后被取出来，经过锻冶，被加热到白热状态，然后投入冷水或石油中以增强韧度，最后被细致耐心地进行压磨抛光。当这项工作完成，磨刀匠竟然制成了价值两千元的刀片，这让那个铁匠惊讶万分。

"如果你做不出更好的产品，那么能做成刀片也已经相当不错了。"第三个工匠看了磨刀匠的出色成果后说，"但是这块铁的价值你连一半都还没挖出来，我知道它还有更好的用途。我研究过铁，知道它里面藏着什么，知道能用它做出什么来。"

这个匠人的技艺更精湛，眼光也更独到，他受过更好的训练，有更高的理想和更卓绝的意志力，他能更深入地看到这块铁的分子——不再局限于马掌和刀片——他用显微镜般精确的双眼把生铁变成了最精致的绣花针。制作肉眼看不见的针头需要比磨刀匠有更精细的工序和更高超的技艺。

最后这位工匠认为他的成果精彩绝伦。他已经使磨刀匠的产品的价值翻了数倍，他认为他已经榨尽了这块铁的价值。

但是，看啊！又来了一个技艺更高的超级工匠，他的头脑更发达，手艺更精湛，更有耐心，受过顶级训练，他竟然制出了精细的钟表发条。

别人只看到价值仅几千元的刀片或绣花针的地方，他那双犀利的眼睛看到了价值十万元的产品。

然而，故事还没有结束，又一个更出色的工匠出现了。

在他眼里，即使钟表发条也称不上上乘之作。他知道用这种生铁可以制成一种弹性物质，这是一般粗通冶金学的人无能为力的。他知道，如果锻铁时再细心些，它就不再坚硬锋利，而会变成一种特殊的金属，富含许多新的品质，正如一个人充满了生命力。

于是，他采用了许多精加工和细致锻冶的工序，成功地把他的产品变成了几乎看不见的精细的游丝线圈。

一番艰辛劳苦之后，他梦想成真，把仅值十几元的铁块变成了价值一百万元的产品，这比同样重量的黄金还要昂贵得多。

但是，还有一个工人，他的工艺精妙得可算登峰造极，他的产品鲜为人知，他的技艺也从未被任何字典和百科全书的编纂者提及过。

他拿来一块钢，精雕细刻之下所呈现出的东西使钟表发条和游丝线圈都黯然失色。

他的工作完成之后，出现了牙医常用来勾出最细微牙神经的精致钩状物。同样重量的这种柔细带钩的钢丝要比黄金贵几百倍。

7. 与神最接近的就是想象力

　　"有一条鱼整天浮在水面上，不吃食物，专门吃垃圾，你信不信？"11 岁上海女孩的这个构想看起来有点天方夜谭，却因此而获得了 2000 年中威杯上海少先队科学创意金点子比赛一等奖。

　　这条名字为"会吃垃圾的机器鱼"，是上海市杨浦区小学四年级的蒋天羽小朋友发明的。一天，她路过苏州河时，看到水面上漂着不少零星的垃圾，感觉有点美中不足。她想，如果有一条鱼整天在水上吃垃圾，水面就会清洁多了。

　　经过几个月的实验，蒋天羽设计出了世界上独一无二的"鱼"：这条机器鱼背部装有太阳能电池板，能带动鱼体内的电动水泵，水泵把水从嘴中吸进，从鱼尾部吐出，使鱼自动在水中游动起来。当鱼不动时，说明它肚内的垃圾已经吃饱。

　　无独有偶。曹迦同学也和蒋天羽一样，在生活中也是个"有心人"。他的作品——活动多排橱，荣获上海市优秀发明选拔赛一等奖。

　　他平时挺喜欢对某事物提出自己的看法和点子，他发现现有的书橱大都是单排的，有 45～55 厘米厚。书的宽度一般为 15～20 厘米。但如果做两排，里面的一排书就很难找到，如果放一排书，又浪费空间。为了不浪费空间又存取方便，他想到了把书橱设计为多排的，每排的厚度与书的厚度相配，除了最里面的一排是固定的外，其余的各排都做成能左右移动的小单柜，在小单柜的上下都装有轮子和导轨，这样移动起来就很轻巧了。为移动需要，每排都必须留一个单柜的空间；为了不浪费空间，他在最外面的一排边上，做一个像门那样可以向外打开的门柜，当这个门柜打开时，和它同排的单柜就可以左右移动了。如果关上了这个门柜也就等于关上整个书橱。他认为这个书橱的原理也同样适用于衣柜等，它能够放置四季的不同衣服，当令的衣服放在外排，换季衣服放在里排，分门别类，存取方便。

8. 一场关于想象力的官司

一天，美国内华达州一个叫伊迪丝的 *3* 岁小女孩告诉妈妈，她认识礼品盒上"OPE"的第一个字母"O"。这位妈妈非常吃惊，问她怎么认识的。伊迪丝说："是薇拉小姐教的。"

这位母亲表扬了女儿之后，一纸诉状把薇拉小姐所在的劳拉三世幼儿园告上了法庭，理由是该幼儿园剥夺了伊迪丝的想象力。因为她的女儿在认识"O"之前，能把"O"说成苹果、太阳、足球、鸟蛋之类的圆形东西，然而自从劳拉三世幼儿园教她识读了 *26* 个字母，伊迪丝便失去了这种能力，她要求该幼儿园对这种后果负责，赔偿伊迪丝精神伤残费 *1000* 万美元。

诉状递上之后，在当地立刻引起轩然大波。劳拉三世幼儿园认为这位母亲疯了，一些家长也认为她有点小题大做，她的律师也不赞同她的做法，认为打这场官司是浪费精力。然而，这位母亲却坚持要把这场官司打下去，哪怕倾家荡产。

三个月后，此案在内华达州立法院开庭。最后的结果出人预料，劳拉三世幼儿园败诉，因为陪审团的 *23* 名成员被这位母亲在辩护时讲的一个故事感动了。

她说：我曾到东方某个国家旅行，在一家公园里见过两只天鹅，一只被剪去了左边的翅膀，一只完好无损。剪去翅膀的被放养在较大的一片水塘里，完好的一只被放养在一片较小的水塘里。当时我非常不解，就请教那里的管理人员。他们说，这样能防止它们逃跑。

我问为什么，他们解释，剪去一边翅膀的无法保持身体平衡，飞起后就会掉下来。在小水塘里的，虽然没被剪去翅膀，但起飞时会因没有必要的滑翔路程，而老实地待在水里。当时我非常震惊，震惊于东方人的聪明。可是我又感到非常悲哀，为两只天鹅感到悲哀。今天，我为我女儿的事来打这场官司，是因为我感到伊迪丝变成了劳拉三世幼儿园的一只天鹅。他们剪掉了伊迪丝的一只翅膀，一只幻想的翅膀，人们早早地就把她投进了那片小水塘，那片只有 ABC 的小水塘。

这段辩护词后来成了内华达州修改《公民教育保护法》的依据。现在美国《公民权法》规定，幼儿在学校拥有两项权利：（1）玩的权利；（2）问为什么的权利。

9. 两个孩子的想法

人之所以可贵就在于有创造性的思维，而人生命的意义也在于创造的刺激。

妈妈陪着小女孩走路去上学。早上天气变坏了，云层渐渐变厚，开始闪电打雷。妈妈很担心小女孩会被雷吓着。雷雨下得愈来愈大，闪电像一把锐利的剑刺破天空，妈妈却看到自己的小女儿一个人站在街上，每次闪电时，她都停下脚步，抬头往上看并露出微笑。

看了许久，妈妈终于忍不住问孩子："你在做什么啊？"

女儿说："上帝刚才帮我照相，所以我要笑啊！"

还有一个聪明的男孩，妈妈带着他到杂货店去买东西。店主看到这个可爱的小孩，就打开一罐糖果，要小男孩自己拿一把糖果，但是男孩却没有任何的动作。后来，店主亲自抓了一把糖果放进他的口袋里。

回到家中，妈妈好奇地问小男孩，为什么没有自己去抓糖果而要店主抓呢？

小男孩得意地回答："因为我的手比较小呀！而他的手比较大，所以他拿的一定比我拿的多！"

10. 谁编写了《吉尼斯世界纪录》

比佛是英国吉尼斯啤酒厂的总经理，他喜欢在假期约朋友一起打猎。他对自己的枪法十分满意，经常在朋友面前吹嘘，说自己可以打到任何猎物。

有一次，他们发现一种鸟飞得特别快，朋友们就和比佛打赌，看他能否射中这种鸟。结果比佛一只也没打中，朋友借此对他的枪法大加嘲弄。比佛认为这不是他的枪法不好，而是这种鸟飞得实在太快了。但朋友们却不这样认为。激烈的争执之下，比佛开始认真了，他认定那种鸟是世界上飞行最快的鸟。

为了证明自己的说法是正确的，比佛在打猎回来之后，就找出了《百科知识》之类的书进行查阅，他想通过书上的记载让朋友心服口服。但比佛耗费了大量时间，却没有得到任何有价值的资料，没有一本书提及鸟儿飞行速度的问题。比佛很失望，他没有找到证据证明自己的说法是正确的。

比佛灵感突发，他想，既然世界上没有一本书记载鸟儿的飞行速度，为什么自己不编一本这样的书呢？

他通过朋友介绍，聘请了两位孪生兄弟担任编辑。一年后，他们编出第一本样书，比佛把它取名为《吉尼斯世界纪录大全》。这本书一上市就受到读者的欢迎，自它面世以来，平均每年出一版，被翻译成 23 种文字，发行量达到 4000 万册，成为世界上最畅销的书。

五十多年后，当年的吉尼斯啤酒厂已不知踪迹，但那本为了证

61

明自己枪法好而诞生的《吉尼斯世界纪录大全》却依然存在，它创造的财富足以办起几十家吉尼斯啤酒厂。

11. 多问几个"为什么"

以前，人们往往把一种怪物作为符号标在海图上，以警示水手这是一块未知的危险海域。许多水手小心翼翼地看着这张图，唯恐误入。

人的头脑里一旦有一张这样的海图，"为什么"就不会诞生了。

孩子们之所以提出许多"为什么"，就是因为他们没见过什么"海图"。美国有位名叫埃坦·斯坦菲尔德的小男孩，有一天，他好奇地问叔叔："以色列国在什么地方？"叔叔打开地图告诉他以色列的位置。见到地图，埃坦眼睛一亮。原来，小埃坦看到地图上的国家就像一幅幅栩栩如生的画。

埃坦抱怨：为什么不把地图画得更好看一些？他对叔叔说："你瞧，喀麦隆就好比一只摆姿势照相的大袋鼠。厄玄特里亚活像一棵树。葡萄牙和西班牙，就如同一个着西班牙发型的妇女头像。"

埃坦在说到突尼斯的时候，用笔在其东、西部边界各画了道半圆形圈，问叔叔像不像一个人的膝盖。

埃坦的叔叔意识到这一发现不同寻常，他马上建议共同编制《世界青少年地图集》，借助小埃坦的奇妙发现和想象，给各个国家的地图设计有趣的象征物，让世界地图变得有趣和好记。4年后，他们的《世界青少年地图集》在全美发行，引起了极大的轰动。

12. 好奇心产生创意

盛田昭夫出生在日本一个古老的清酒酿造家庭。他的曾祖父、祖父以及父亲都经营酿酒生意，但盛田昭夫却从小对电子产品产生了兴趣，他很喜欢摆弄家里那台老式留声机。上学后他迷上了电子技术，尤其是音响技术，而对流溢酒香的祖业却非常淡漠。他自己购买了电子知识方面的书，订购了外国杂志，并按《无线电和实用》上的图表制作电器，竟然制作出一部粗糙的电唱机、一部无线电接收器和一张有自己声音的唱片。他把课余时间全花在了自己的爱好上，以至于影响了学业，成了学校里出名的差等生，甚至差点因成绩不及格而退学。初中的最后一年，他不得不暂时抛开业余爱好，为考入高中理工部而苦读，但结果仍不理想，最后被列为成绩最低一等的毕业生。幸运的是，第八高中理工部还是接受了他。

进入高中第三年，他选择了自己最擅长的物理专业，服部学顺老师非常关心他，在临近毕业的最后一个假日，服部学顺老师把他介绍给享誉应用物理学领域的浅田常三郎教授。就这样，盛田昭夫终于考上了大阪帝国大学理工系，攻读他所喜欢的物理学。儿子虽然抛弃了家传的酿酒业，却也没让父亲失望，他用从父亲那儿学来的创业精神和在大学里学到的物理知识，为盛田家族在电气工业领域开辟了一片新天地。

1946年，盛田昭夫与好友井深大一起创办了一家公司。他先是说服父亲允许他放弃家族事业，另创新事业，接着向父亲告贷500美元用于注册。在克服了重重困难后，一家全新的合伙公司——东京通信工业公司正式宣告成立。

新公司成立时，包括盛田昭夫与井深大在内只有20人，人手虽少，但很精干，其中有16人大学毕业。尽管当时条件相当简陋，但两位创业者从一开始就认定新公司的理念是革新，新公司将是制造高科技新产品的智慧型公司。他们决心做别人没有做过的事情，为此拒绝了制造收音机、留声机等建议，而把目光盯在生产一种日本前所未有的产品——钢丝录音机上。由于他们需用的特种钢丝不易获得，新产品的开发工作一度停止。1949 年井深大前往日本广播公司办事，无意中发现了一台美国产的磁带录音机，磁带录音机比钢丝录音机更先进，他们于是决定放弃正在进行的试验，立即上马这个新项目。1950 年，公司研制出了日本第一台磁带录音机，尽管又笨又大，但效果不错。接着，公司又开始生产外形更加诱人的手提录音机。随着公司产品质量的不断提高，信誉也直线上升，生意越做越大。

20 世纪 50 年代初，晶体管生产技术在美国已逐渐成熟，盛田昭夫与井深大都极其向往。1953 年，盛田昭夫专程赴美，进行购买晶体管生产专利的谈判。美国西方电器公司同意以 2. 5 万美元的价格出售这项专利，盛田昭夫当即拍板成交。获得专利后，公司决定将晶体管运用于收音机，扩大它的用途。经过几个月的奋战，终于在 1955 年成功研制出了世界上第一台晶体管收音机。由于体积小、性能好，新产品一经问世便轰动了日本，也震惊了出售专利的美国人。仅 1955 年一年，公司晶体管收音机的销售额就达到 250 万美元，是专利购买费用的整整 100 倍。这次成功使他们的公司在国内外名声大振，进而开始跻身于日本电子行业公司的行列。

盛田昭夫在出国考察时就发现，公司的全称"东京通信工业公司"既拗口，又不适合标在商品上，于是他绞尽脑汁，查阅各种词典，终于为公司取了一个合适的名字"Sonny"。

时至今日，索尼公司已经以"Sonny"的响亮品牌，与美国通用电气、德国西门子、荷兰菲利浦等一流的大企业在全球范围内并驾齐驱。

13. 好奇者的"奇缘"

很小的时候，哥白尼就对天体的运行以及日食、月食等现象十分好奇，这使他对天体学产生了浓厚兴趣。他花了 30 多年的时间，建立了太阳中心说，从而揭开了近代科学的序幕。被誉为"星学之王"的丹麦宫廷天文学家第谷，从小就对天象好奇，一生以观测天象著称于世。1597 年的一个夜晚，他发现了一颗新星，立即对之进行跟踪观察，并且连续 18 个月记录这颗新星的亮度变化，为后来发现行星运动三大定律留下了宝贵的天文资料。

19 世纪中叶，一些化学家们在实验过程中，偶然获得了很多新元素，其中不少都借助了好奇心的作用。当时，有一位名叫西特洛迈耶尔的药房总检查员，在许多药房里看到通常呈白色的硫酸锌因为受热而变黑。这到底是为什么呢？好奇心驱使他进一步思索。他把这些变黑的硫酸锌经过几次分离，竟然意外地得到了一种新的元素，这就是元素——镉。

江西有个名叫沈梅的女青年，一天傍晚突然发现路边的河面上有块露出的石头，发出如同星星一样的点点光亮。好奇心使她往石头上浇了几次水，石头上的亮光不见了，但石头上却嵌着许多淡紫色透明、有玻璃光泽的东西。于是她取了几块石头带回家。当石头不小心碰到火苗时，竟然发出了"噼噼啪啪"的爆炸声，火花四溅，这又一次引起了她的好奇。她觉得这石头不是普通的石块，因此她拿着石头到地质队化验了一下，结果确认是萤石。不久之后，地质队就在离河不远的山里找到了一个萤石矿。

14. 创新不止的小休斯

"飞机大王"霍华德·休斯，1905 年 12 月 24 日生于美国得克萨斯州休斯敦市。

他的父亲是一位精明的商人，母亲亚莉湟是法国人，是得克萨斯州地方领事的女儿。

　　休斯虽然是个天才，但童年时并未显露出灿烂的光辉。他性格孤僻，喜欢独自玩耍，见人非常害羞，又极其厌恶上学读书。

　　但他绝不是对什么都不感兴趣的孩子，对于各种机械，他是样样着迷。家中有一只钟表，他感到新奇、神秘，他把各种零件一个个拆下来，再一一重新组装。一次一次，反反复复，他是那样入迷，那样专心致志。

　　一辆普普通通的自行车，骑上去用脚一蹬，轮子悠悠地转着，人们都司空见惯，习以为常。可是休斯对此却产生了奇妙的联想：干吗一定要用双脚来蹬，还费那么大的劲？如果在车架上装上电池，改装成电动脚蹬车该多好。尤其在顶风或上坡时，还省力得多。于是他独自考虑、反复试验，终于研究出一辆电动脚蹬车。从此他的名字不胫而走，家喻户晓。

　　他还制作了装有收音机的发报机。

　　休斯成年后，成了美国的"飞机大王"。他的一生充分发挥了个人的才智，在人生的史册上写下了辉煌的篇章。他也曾在电影事业上一展宏图，他新拍摄的影片获得了奥斯卡金奖。但他的最大成就是在航空事业上。

　　1936年，他驾着飞机，从洛杉矶到华盛顿连续飞行9小时27分10秒的成绩，创下了横越美洲大陆，不着陆飞行的世界纪录。第二年，又以7小时28分25秒，刷新了前一纪录，并一直保持了7年之久。

　　1938年，他又以3天19时17分的成绩，创下了飞行世界一周的纪录。

15. 燕子何处去过冬

　　故事发生在18世纪的瑞士北部城市巴塞尔。

这个城里有个补鞋匠，在街角搭了个棚子，每天在那里为人们补鞋，一连干了好多年。时间久了，棚子的檐下有了一只小巧玲珑的燕巢，那是一只雌燕筑的。每天，燕子飞来飞去，跟补鞋匠混得很熟。可是到了每年秋后，那燕子总要飞到老远的地方去，直到第二年春天才会翩翩飞来。

"燕子究竟飞到哪里去了呢？"有一年，在接近深秋的一天，补鞋匠向住在不远处的一个老学者讨教这个问题。

老学者认真地说："2100年前的古希腊哲学家亚里士多德曾下过一个结论：家燕是在沼泽地带的冰下过冬的。多少年来人们一直把这个结论当作真理。可是在我们生活的这个时代，有个叫布丰的科学工作者，捉了五只燕子放到冰窖里，结果它们全冻死了。这就对亚里士多德的结论提出了质疑。"

补鞋匠说："老先生，您说了半天，还没有回答我的问题：这燕子到底去什么地方过冬？"

老学者摆摆手，耸耸肩，说："我的回答只能是四个字——去向不明。"

补鞋匠回到家里，头脑里老是盘旋着燕子到哪里去过冬的问题。他忽然想到一个主意："既然燕子每年都准时飞回来，那么它的去向也一定是比较固定的吧！"他灵机一动，写了这么一张纸条："燕子，你是那样忠诚，请你告诉我，你在什么地方过冬？"写完后，把纸条缚在燕子的腿上。

几天后，补鞋匠手搭凉棚，一直目送那只可爱的燕子在白云下消失。一天、二天、三天……日子一天天过去了，燕子没有回来。

补鞋匠盼啊盼啊，好不容易把冬天打发走了，把春天迎回来了！

一天，那只燕子又欢快地飞回来了，只见它腿上缚了一张新的纸条，上写：

"它在雅典，安托万家过冬，你为什么刨根问底打听这事？"

补鞋匠把这张纸条交给那个老学者看，老学者眯缝着眼睛看了好一会儿，惭愧地说："我还不如一个补鞋匠呢！"后来，老学者把这事写进了书里。

此后，人们开始给燕子记标放飞，逐渐弄清了燕子的迁徙规律和路途。

16. 水壶盖子上的小孔

现在的水壶盖子都有个小孔，但以前水壶盖子上是没有孔的。这个小孔的发明还应该从日本的一个平凡人的好奇心说起。

日本横滨市居民富安宏雄因身体不适躺在床上辗转难眠。他很想睡觉，不愿意再想令人不快的事情。但因经济情况每况愈下，他心情烦躁，难以入眠。床边的火炉烧着开水，被缕缕白色水汽冲着的水壶盖子不停地"吧嗒吧嗒"地响着，好像故意打扰他。

气恼之下，富安拿起床头柜上的锥子用力向水壶掷去，不曾想，那锥子刺中了水壶的盖子，定定地立在壶盖上，没有滑落下去。奇怪的是，水壶"吧嗒吧嗒"的声音立时停了下来。富安感到很惊异，顿时睡意全无。

充满好奇心的富安这时不想睡了，他觉得一切的苦恼和混乱都消失了，好奇心让他开始在床上大动脑筋，他亲自做了好多次试验，最终证实有个小孔的盖子在水开了的时候就不会发出声音。

他的生活不再乏味，身体也不再感觉到病痛，对生活的希望又再度复苏了。他想："我要把这项新创意好好利用，尽量让它开花结果才行！"他拖着病躯奔走了一个多月，终于明治制壶公司以 2000 日元买下了他的专利。当时的 2000 日元，相当于现在的 1 亿日元。

17. 小针孔成就了百万富翁

19 个世纪中叶，美国流传着一个小针孔成就百万富翁的故事：

美国许多制糖公司把方糖运往南美洲时，都会因方糖在海运途中受潮而遭受巨大损失。这些公司花了很多钱请专家研究，却一直未能解决这个问题。而一个在轮船上工作的工人却用最简单的方法解决了这个问题：在方糖包装盒的一角戳个通气孔，这样，方糖就不会在海上运输时受潮了。

这种方法使各制糖公司减少了几千万美元的损失，而且简直不花成本。这个工人专利意识十分强，他马上为该方法申请了专利保护。后来，他把这个专利卖给各制糖公司，成了百万富翁。

上面这个创意又启发了一个日本人，这个日本人想：钻孔的方法是否还可用于其他许多方面，不光是方糖包装盒。他研究了许多东西，最终发现：在打火机的火芯盖上钻个小孔，能够延长油的使用时间。他凭着这个专利也发了财。

18. 长生不死的祖父

祖父是一位巨富，他仅靠一代的奋斗便构筑起现在数亿万日元的家业。可是他在刚过花甲之年，打算将家业传给他的儿子，也就是我父亲的时候，被查出患了癌症。

由于内脏的癌肿摘除手术十分成功，所以虽然还会有复发的可能，但是医生说，只要依靠药物抑制就无大碍。

可是祖父似乎并不满足这一点，提出一项令人出乎意料的要求，那就是用别的健康人的器官来替换自己所有的器官。

但不能是死人，而是活人的内脏！于是，他开始四处寻找植物人，然而几乎是空手而归——植物人的家属拒绝拆除维持亲人生命的医疗器械。

为此，祖父想方设法，经过多次协商，终于以高额的补偿金换回了一个植物人的身体。就在这时，政府却出面干涉了。

国家法律认为，植物人虽说处于死亡状态，但仍是活着的人。因此，这样做无异于杀人害命。所以，祖父的行为可以说是购买人体，甚至也可能构成杀人罪！

祖父并不因此而断念，他有自己的主张——植物人的躯体，即使不卖给我，也是必死无疑。

那么，趁活着的时候将肉体提供给需方，结果不都是一样吗？而政府告诉祖父，只有在拆除医疗器械之后，才能摘除脏器。但祖父不同意这一做法，将政府告上了法庭。

判决在传媒界引起很大的争论。焦点集中在"若脑死亡不是生命的结束，那么，何种状态才可称为死"这一问题上。

祖父仍然固执己见，认为靠机器维持生命的植物人可以认定为死人。

祖父对此事所持有的热情令全家都感到吃惊。他已经上了年纪，即使接受了那种手术，恐怕也不会延寿多少年。

并且，已决定稳居静养的他，无论如何也不像对"生"有如此强烈的愿望。判决花费相当长的时候，最终以祖父败诉而告终。

司法界的结论，仍是依据常识，认为靠医疗器械"维持生命的植物人并非死人"。虽说是依靠医疗器械维持生命，但只要有一个细胞还有存活的可能性，便可认为生命依旧存在。只有在拆除维持生命的医疗器械、所有细胞都死亡后，才可以称其死亡并允许进行脏器移植……这就是判决书上写着的最终结论。

审判刚刚结束，祖父便去世了。或许是让人担心的癌细胞扩散所致，但祖父也的确到了寿终正寝的年纪。可在这之后，却引发了小小的骚动。祖父的律师开始采取行动。律师们拿出祖父临终时托付的文件，对给祖父下死亡定论的医师提出死亡证明无效的起诉。

令人费解的是，祖父在生前，将手术中摘除的一部分癌肿寄放在某研究所的仪器中了。

那是具有特殊作用的仪器，其功能就是维持细胞的生命力！众所周知，癌细胞不同于一般细胞，只要不断汲取养分和氧气，它就会无限地分裂下去。也就是说，它是长生不死的细胞！

我去看过那些细胞，在玻璃容器中，仿若一片牛肉。然而，那却正是"长生不死的祖父"的形象。律师们提出，只要有一部分细胞还存活，祖父就没死。司法当局一时不知如何是好。

按常理，祖父的确已经去世，但政府当初正是以"虽说是依靠医疗器械维持生命，但只要有一个细胞还有存活的可能性，便可认为生命依旧存在"来答复祖父的。因此，政府不得不承认，祖父仍旧活着。只要不拆除医疗器械，祖父……祖父的癌细胞就会永远活着。并且，祖父嘱托家人不能拆除医疗器械。也就是说，我们必须要奉养祖父直到永永远远！那么，祖父为何要这样做呢？读到这里，不知有人能否破解这个谜。我也是看了祖父的遗书（不，因为他并没有死，所以正确来讲不应称之为遗书），才恍然大悟的。

祖父并不是对"生"留恋不舍，而是为我们子孙后代设计了一步很巧妙的棋。试想一下祖父打下的江山和积累的巨额资产，就会晓得由于他的死，我们将缴纳多么大的数额的继承遗产税。但只要祖父一直这样活下去，我们家族就再也不必缴继承遗产税。

我们一家的巨额财富，将永远这样得到保障，不必缴一分一厘的继承遗产税！

19. 买件红衣服穿

美国钢铁大王卡内基小的时候家里很穷，有一天，他放学回家时经过一个工地，看到一个穿着华丽、像老板模样的人在那儿指挥。

"请问你们在盖什么？"他走上前去问那位老板模样的人。

"要盖个摩天大楼，给我的百货公司和其他公司使用。"那人说道。

"我长大后要怎样才能像你这样？"卡内基以羡慕的口吻说道。

"第一要勤奋工作……"

"这我早知道了，老生常谈，那第二呢？"

"买件红衣服穿！"

聪明的卡内基满脸狐疑："这……这和成功有关？"

"有啊！"那人顺手指了指前面的工人说道，"你看他们都是我手下，但都穿清一色的蓝衣服，所以我一个也不认识……"

说完他又特别指向其中一位工人："但你看那个穿红衬衫的工人，我长时间注意到他，他的身手和其他人差不多，但是我认识他，所以过几天我会请他做我的副手。"

成功并非你想成功就可以达到，还要有迥异于常人的智慧和思想才行。

20. 最出色的地方

有一个流亡海外的女孩子，因为能讲一口流利的英语和法语而被英国特工组织看中，加入了英国的特工。她其实并不适合特工工作，她性情急躁，所有的同事都不看好她，认为她做间谍，无疑是为敌国送上一座秘密的宝矿。

果然，几乎所有的训练过程都对她没有用处。组织上让她拿一份敌国驻军图送给地下交通员。她到了接头地点后，怎么也想不起接头暗号，情急之下，索性把地图展开，对着来来往往的人群进行试探："你对这张地图感兴趣吗？"幸运的是，她很快遇上交通员，他们扮作精神病人迅速地掩盖了这个可怕而致命的错误。

不仅如此，她认为越是繁华的地段越是安全，于是自作主张把秘密电台搬到了巴黎的闹市区，可她不知道，盖世太保的总部就在离她一条街之远的地方。终于在一天夜里，盖世太保们把这个胆大妄为、正在发报的间谍逮捕了。英国特工们都后悔不已，如果这个天真的姑娘在盖世太保的刑具下毫无保留地说出一切，那么对在法国的特工组织将是一个重创。出乎意料，盖世太保们用尽了种种残酷的刑罚，都无法撬开她的嘴。

她的名字叫努尔，曾是一位印度王族的娇贵女儿。二战结束后，英国政府追授她乔治勋章和帝国勋章。这样一个不称职的间谍获得英国政府的最高奖赏。官方的解释是：对帝国而言，梦寐以求的是间谍的背叛，这等于无形的巨大宝藏。但这个很笨的女孩儿，至死都没有吐露一个字。一个人需要技巧和智慧，但最不能缺少的，是原则和信念。这就是一个间谍最本位、最出色的地方，所以我们从没怀疑她是一个优秀的间谍。

21. 抛洒硬币的哲理

韩国有一家机械制造厂，厂里的工人很散漫，习惯把螺帽、螺栓等零件随意抛洒在地，弄得车间一片狼藉。老板每次到车间，都把工头和工人训一顿，但下次再来时，车间还是狼藉依旧。

有一天，老板又来到车间，这一次，他没有训斥工人一句，而是拿出几卷硬币，天女散花似的抛洒出去，硬币顿时布满车间的每个角落。然后，他优哉游哉地踱回了自己办公室。工头和工人们见此情景，都丈二和尚摸不着头脑，猜老板一定是疯了。

第二天，老板召集所有工人说："昨天，你们一定对我的行为感到奇怪，我并不是疯了才把硬币丢在地上，而是想让大家一起为遇到的问题找寻一个办法。"他接着说："我发现车间每天都抛洒着各式各样的零件，而你们每个人却都熟视无睹，不弯腰拾起来。这些零件都是拿钱买的，丢在地上，就等于把钱丢出去。我昨天把钱抛了出去，而你们浪费的材料和零件，同那些硬币一样，都是真正的钱，而且还将创造更多的价值。"工人们低下了头，终于领悟到老板的良苦用心。从此，车间的地上变得干净多了，再也见不到乱丢零件的现象了。

22. 把鞋卖给赤脚人

有两家生产鞋的公司，为了寻找更多的市场，两个公司都往世界各地派了很多销售人员。这些销售人员不辞辛苦，千方百计地搜集人们对鞋的需求信息，并不断地把这些信息反馈给公司。

有一天，甲公司听说在赤道附近有一个岛，岛上住着许多居民。甲公司想在那里开拓市场，于是派销售人员到岛上了解情况。很快，乙公司也听说了这件事情，他们唯恐甲公司独占市场，赶紧也把销售人员派到了那里。

两位销售人员几乎同时登上海岛，他们发现海岛相当封闭，岛上的人与大陆没有来往，他们祖祖辈辈靠打鱼为生。他们还发现岛上的人衣着简朴，几乎全是赤脚，只有那些在礁石上采拾海蛎子的人为了避免礁石硌脚，才在脚上绑上海草。

两位销售人员一上海岛，立即引起了当地人的注意。他们注视着陌生的客人，议论纷纷。最让岛上人感到惊奇的就是客人脚上穿的鞋子。岛上人不知道鞋子为何物，便把它们叫做脚套。他们从心里感到纳闷：把一个"脚套"套在脚上，不难受吗？

甲看到这种状况，心里凉了半截。他想，这里的人没有穿鞋的习惯，怎么可能建立鞋市场？向不穿鞋的人销售鞋，不等于向盲人销售画册，向聋子销售收音机吗？他二话没说，立即乘船离开了海岛，返回了公司。他在写给公司的报告上说："那里没有人穿鞋，根本不可能建立起鞋市场。"

与甲的态度相反，乙看到这种状况，顿时心花怒放，他觉得这里是极好的市场，因为没有人穿鞋，所以鞋的销售潜力一定很大。他留在岛上，与岛上的人交上了朋友。

乙在岛上住了很多天，他挨家挨户做宣传，告诉岛上人穿鞋的好处，并亲自示范，努力改变岛上人赤脚的习惯。同时，他还把带去的样品送给了部分居民。这些居民穿上鞋后感到松软舒适，走在路上他们再也不用担心扎脚了。这些首次穿鞋的人也向同伴们宣传穿鞋的好处。

这位有心的销售人员还了解到，岛上居民由于长年不穿鞋的缘故，与普通人的脚型有一些区别，他还了解了他们生产和生活的特点，然后向公司写了一份详细的报告。公司根据这份报告，制作了一大批适合岛上人穿的鞋，这些鞋很快便销售一空。不久，公司又制作了第二批、第三批……乙公司终于在岛上建立了皮鞋市场，狠狠赚了一笔。

其实，只要善于运用创新思维去指导自己的行动，世上就没有什么不可能办到的事，只是个时间早晚问题。客观上没有"不可能"，并不等于主观上没有"不可能"，如果主观上认为"不可能"，那就真的不可能了，若主观上认为"可能"，那么，任何暂时的"不可能"终究会变成"可能"。人类的创造力使不可能变成可能，而一种可能性的诞生，又会带来诸多新的不可能，以此更迭，人类的发展正是一步步地从过去走向未来，从不可能走向可能。

23. 阿甘的回答

阿甘死后，升入天堂，在天堂入口——珍珠之门，他遇到了圣徒彼得。

彼得对他说："很高兴见到你，阿甘，我们已经听到了许多人赞扬你的话。但我不得不告诉你，这里已经人满为患，因此每个想进入天堂的人都得接受一次测验，通过测验的人才可以进入天堂。"

阿甘说："彼得，能来这里我很高兴。不过没有人告诉我测验，但我还是希望能通过测验。但愿题目不要太难，毕竟生活本身就已经是一次足够难的测验了。"

彼得说："我知道，阿甘。测验不是很难，只有 *3* 个问题：

1. 一个星期中有哪几天是以字母'T'开头的？

2. 一年有多少秒（Seconds）？

3. 上帝的名字是什么？"

阿甘带着这几个问题离开了。第二天，他又来到彼得面前，要回答问题。彼得向他挥了挥手说："现在你还有机会再想一想，然后回答我。"

阿甘说："不必了。你的第一个问题太简单了，答案就是今天（Today）和明天（Tomorrow）。"

彼得的眼睛睁得大大的，喊道："阿甘，这可不是我意料中的答案。不过你言之有理，我想我没有把问题说清楚。好吧，我同意你的答案是正确的。"

"下一个问题呢？一年有多少秒（Seconds）？"

"这个有点难，"阿甘说，"我想了又想，觉得答案应该是'12'。"

彼得惊得目瞪口呆："'12'！天啊，你怎么能说一年只有12秒？"

阿甘说："是的，是'12'，它们是1月2日（JanuarySecond）、2月2日（FebruarySecond）、3月2日（MarchSecond）……"

"好了，好了，"彼得打断阿甘，"我知道你是怎么想的了，我明白你的意思了，这个答案又出乎我的意料。不过我还是算你对了。让我们来看最后一个问题，你能说出上帝的名字吗？"

"安迪（Andy）！"阿甘回答说。

彼得问："你怎么知道上帝的名字是安迪？"

阿甘说："你知道的，我们在教堂里常唱的那支歌：'安迪与我散步，与我谈话。'（Andy Walks with me，Andy talks with me）"

彼得哑口无言，只能让阿甘上天堂。

总是会有另一种观点存在。对同一个问题，你与别人的看法不同，这并不证明你是错的。

阿甘的回答的确发人深省，他独特的思维和视角让人难以预料。

24. 让甲鱼松口

一位游览太湖的上海旅客，在返回苏州的公共汽车上，发现同坐的一位乡民所带的竹箩内装有甲鱼。出于好奇心，他把头凑在竹箩口上观看。谁知突然被其中一条大甲鱼咬住了鼻子，而且死不松口。甲鱼四肢乱抓，脑袋还使劲往壳里缩。这位旅客痛得额头上冒汗，鼻子出血，但车上没有一个人能想出为他解脱的办法。万不得已，只好将他送到镇上医院处理。

外科大夫见了这位特殊的病人，也想不出更好的办法使甲鱼松口，除非解剖甲鱼，但这样甲鱼要挣扎，会越咬越紧。

后来，还是住院的一位农民想了一个办法，他端来一只盛满水的脸盆，让旅客的脸连同甲鱼一起浸入水中。半分钟后，甲鱼松了口，旅客解脱了。

一般人不能解决的问题，甚至连外科医生也不能解决问题，可这个农民一下子就解决了，这是什么道理呢？原来他靠的是从经验中引申出灵感，他根据经验知道甲鱼不能在水下久留，需要出水面呼吸。现在把甲鱼放在水里，甲鱼需要呼吸，所以只能松口了。

25．用思考的犁翻出奇迹

海立门先生是美国一位著名的铁路工程师。一次，他偶然发现：铁轨上的每个螺丝钉都有一截露在外面。海立门便问同事。同事回答："因为铁钉就这么长。""为什么非要这样长呢？白白浪费了一大截在外面。"对方又答道："都是这样制造的，螺丝钉的尺寸一向由铁道部门统一制定。"海立门沉默了一会儿又问："1 英里铁轨要用多少个螺丝钉？"同事答："约 3000 个。"海立门吃惊地说："太平洋和南太平洋铁路公司共有 1.8 万英里路轨，所需螺丝钉约 5000 万个，按每个螺丝钉多用钢材 50 克计，岂非浪费了 2500 吨钢材？"这个在别人眼中微不足道的发现给了他创造的启发，把露在外面的一截去掉。结果，他的可行性建议获得了 100 万美元的奖金。

在 1904 年之前，英国人一直习惯饮用热腾腾的红茶。

在当年的圣路易世界博览会上，年轻的推销员布莱·钦登负责向与会者推销红茶，一杯一杯冒着热气的红茶摆放在桌上，香气四溢，却没有什么人去碰它们。

钦登发现，由于天气的反常炎热，人们更倾向于靠吃冰淇淋来解渴。他十分沮丧，更晦气的是，他竟然让一大块冰掉进了茶桶里！有谁会喝这种从未有过的"冰红茶"呢？钦登只好自斟了一大杯，发泄心中的闷气。

没想到，当他喝下第一口时，发觉"冰红茶"的味道较之热红茶，竟有十分特别之处；而且在炎热的环境中，冰红茶的口感似乎更加美妙！

钦登大为开怀，干脆向与会者们推销这种前所未有的冰红茶。没想到一炮打响，竟使冰红茶成为风靡英伦的饮品。

26. 竖立鸡蛋

当哥伦布航海行程结束以后，一个让人们惊叹的消息也随之诞生：哥伦布发现了一个新大陆。很多人都对哥伦布取得的成功表示赞叹。这可是具有划时代意义的大事。

皇室也特别为哥伦布举行了庆功宴，请他讲述一些艰险或有趣的故事。此时，有一位大臣却显得不屑一顾，他不服气地说："地球是圆的，任何一个人坐上船航行，都能到达大西洋的彼岸，没什么奇怪的。"旁边的几个人听了这位大臣的言论也觉得有道理，便在一旁附和。

哥伦布的朋友们，都想出面制止这种诋毁声誉的行为，因为谁都知道，环球航行，困难重重，是谁都能做到的吗？可是哥伦布反倒显得镇定自若。

过了一会儿，哥伦布请侍者拿来几个煮熟的鸡蛋，来到大厅的中央，并礼貌地邀请刚才那几位对他表示怀疑的臣子做一个简单的小游戏。人们把目光都聚集到他们的身上。

哥伦布对那几个大臣说："各位大臣，如果你们谁能把鸡蛋竖立在桌上，那你们就算赢。"

接着，几位大臣就开始了这个游戏，可是无论怎么做都不成功，围观的人，也有人尝试，依然没有人能将鸡蛋竖立起来，都说这不可能。

正当大家都开始否定这个游戏的可行性时，哥伦布走到桌子边，拿起了一个鸡蛋，用一端轻轻朝桌子砸下去，蛋的一端被砸破了，蛋也稳稳地竖立在桌子上。

大臣们一片哗然，都说蛋都打破了，还能算吗？要是这样也行，那三岁的小孩不是也可以了吗？

哥伦布看着大家不服的样子，缓缓地说道："虽然这是个很简单的游戏，你们却没有一个人做到。但是知道游戏的结果后，大家却都说不过如此。也许，每件大胆的尝试都是这样的吧。"

27. 城中渔村

前些年北京的一些新建、改建的餐厅，刮起一股"洋风"，用大量外汇进口材料搞室内装修，似乎不这样便不能招揽顾客。但是位于北京德胜门的"独一居"餐厅却偏不赶时髦，而是独辟蹊径，用扇贝壳、海草、斗笠、剪纸等小物件，装饰出一座具有民族文化情趣的高档餐厅，受到中外顾客的热情赞扬。艺术家刘海粟、吴作人等也慕名前来观赏品尝，并欣然留墨。

这家以经营海鲜菜看为主的山东风味餐厅，在店堂风格设计上据说颇费了一番脑筋。有一次餐厅经理去山东谈业务，晚上在海边散步，看到一些小吃店"渔村味"很浓，让人感到在这里休息观海就像进入了海的世界。看到这些，这位经理心想："独一居"是以经营海鲜菜肴为主的餐厅，如果把店堂装饰成"海味风趣"，让顾客就餐时仿佛进入了海滨渔村，感受到的不是生疏的窘迫，而是具有浓浓人情味的中国民族文化风格，那该多好！

就像进入了海的世界。看到这些，这位经理心想："独一居"是以经营海鲜菜肴为主的餐厅，如果把店堂装饰成"海味风趣"，让顾客就餐时仿佛进入了海滨渔村，感受到的不是生疏的窘迫，而是具有浓浓人情味的中国民族文化风格，那该多好！

此招果然奏效。餐厅门拱的造型，像破浪前进的两条渔船船首，临街的四扇落地窗户玻璃上贴着民间剪纸，窗帘则是山东蓝印花布制成的。在壁柜上摆放着民间雕塑等工艺品，每张餐桌上方的天花板下，分别垂着一串串塑料葡萄或葫芦。更令人叫绝的是，吊灯灯罩是用渔民所戴的大沿斗笠做成的。在这里就餐，能让人感受到大海的自然情调。

1985 年 5 月"独一居"落成，被吸引来的外国顾客对餐厅的设计装饰赞不绝口，纷纷拍照留念。虽然"独一居"餐厅在其他方面比起一些老字号的餐厅还差些，但他们在餐厅装饰上敢于以独取胜，这无疑增加了餐厅的竞争力。独特的装饰风格，也起到了很好的广告作用。

28. 联邦快递的创举

美国空运公司联邦快递于 1971 年成立，到 1985 年，联邦快递在田纳西州孟菲斯国际机场的货物集散中心处理的包裹，高达 40 万件。它是怎样获得如此迅猛的发展的呢？

在联邦快递成立以前，美国已经有著名的大型快递公司。但过去，各个企业必须把商业文件赶在截止日的前两三天就封好，剩下的时间留给空运服务公司，这样才能准时将商业文件送达客户手中。而联邦快递则允许这些公司把工作拖到最后一分钟，联邦快递保证：隔夜就送达。没错，绝对第二天就送到！以前大家只要能听到"会尽快送到"就很满意了。承诺隔夜就送到之后，联邦快递好像成了一部时光机器。

于是，一些企业开始以每封单页信函付十多块钱费用的方式，把信件从东岸康涅州的哈特福寄到美国中部的孟菲斯，以确保能在次日中午以前，抵达哈特福以南一百英里处的曼哈顿（也在东岸）。

起初，公司董事长史密斯产生联邦快递的构想时，心里也很矛盾。那些"专家"告诉他，这个构想愚不可及。原来，史密斯是想成立一家公司，能保证把包裹隔天送到，这构想的核心是建立在一个"轮壳及轮辐式"（以下简称为轴辐系统）的运输概念上，他提议货运公司可以拿张地图，以一座机场为"轴心"画个圈，圈内再画上许多卡车路线，成为"辐条"。这些卡车花一整天的时间到一家家企业收集包裹，傍晚时再全部集中到机场，这时卡车司机和飞机驾驶员便把包裹填入机舱，满载包裹的飞机再飞到美国中部某个较大的轴心——孟菲斯，这是最理想的地点，因为从芝加哥、洛杉矶、纽约、迈阿密各地都有通往孟菲斯的航线，这些航线则是一些大幅条。抵达孟菲斯的班机机舱清出包裹以后，就把所有的包裹分类，然后交给飞至各城市的飞机，连夜飞返各地。第二天日出以前，各个城市的卡车便在机场周围的小轴辐区里运送包裹，顺便收集下一批要送出的包裹。

史密斯说，只要每天依次循环，就能够有很大的发展前景。他告诉满腹狐疑的教授，这想法并不新鲜，并说："美国航空公司1948年在堪萨斯州的托比卡就试过建立一套空运轴辐系统，印度邮局和法国空邮也是用这个方式营运。最好的运货方式，就是先在一中心点把货物集中起来，然后在集散中心分类，再把它们运往目的地。如同银行把所有要注销的支票都送到中心站，经过票据交换处理，再把支票送还。"

可是，那些怀疑的人表示，就算银行和其他组织有过轴辐系统，但是他们是在白天用的啊！优比速公司、艾默德和美国邮局等大规模的货运业者早就想过要这么做，但后来这种构想又遭否决，因为花在飞机、卡车、飞机驾驶、送货员和各轴心设备上的成本庞大，而且从来没有顾客要求包裹隔一夜就得送到。

但史密斯推测，消费者不但会喜欢上这种服务，而且还会依赖它。美国人逐渐期望获得动作快、水准高的服务，而且高科技行业激增，也使得大家愈来愈需要隔天送达文件。史密斯表示："我只要占有目前空运市场的 1%，就可以支撑这项服务。"

同时史密斯强调：空运业必须改变形象。他说："如果要充分利用机会，就必须改变我们在公众面前的不良形象。"联邦快递里的人都没有经营过服务业，连史密斯也不例外。但他们彼此关怀、互相照顾的理念却渗透到工作中，这种感觉也传达给了顾客。举例来说：公司每一季会向 1/4 的顾客调查，他们最喜欢联邦快递哪一项特质。传回来的问卷会夹着这一类的便条：请帮我向金尼问好。后来才发现，顾客是把包裹交给员工，而不是交给联邦快递。他们并不在乎飞机好不好，他们只知道金尼从不让他们失望。这样，在掌握了消费者的心理后，又进行了严密的产品设计。联邦快递就是凭着这种被别人认为是不可能的产品设计和服务，成为全球最大的快递公司，并带动了整个美国快递业的变革。

29. 医生的减肥妙术

非洲有个胖女人，胖得连路都走不动了。她去找医生，想要一些减肥药。

医生让她坐下来，详细地问了她的病情。女人说，她越来越胖，担心总有一天身上要爆炸。

"大夫，我求你给我一种好药。"胖女人央求他。

"你先付了钱，明天再来找我！"医生对她说。

女人付了许多钱就回去了。

第二天，胖女人又来找这个医生。医生把她从头到脚检查了一遍，看了看她的嘴，摸了摸她的手和脚，对她说："尊敬的太太，我读过 22456 本书，研究过 1800 万颗星星，我可以准确地告诉你。再过七天你就要死了，那还需要什么药呢？你就回家去等死吧！"

胖女人听了医生的这番话，吓得浑身发抖。在回家的路上，回到家里以后，她一直想着自己就要死了，她不停地数着，看她在人间还能活多少小时。她什么也不肯吃、不肯喝，到了晚上也不肯睡觉。她一天天、一小时一小时地瘦了下去。7 天过去了，女人躺在床上，唉声叹气地等着自己的死期。可是，死亡根本没有降临。到了第八天、第九天，她还是没有死。

女人忍不住了，就去找医生。这时候，她已经瘦了许多，走起路来步子已经很轻松了。

"你这个骗子！"她愤怒地说，"你凭什么拿我那么多钱？你向我保证过，说我七天以后一定会死，可是今天已经是第九天了。我已经看透了，你是个骗子！"

医生冷静地听她说完，就问她："告诉我，你现在是胖了还是瘦了？"

女人回答说："我可是瘦多了！一听说要死了，我吓得一天比一天瘦！"

于是，聪明的医生就对她说："我这么一吓唬你，比最好的药还灵，可是你还说我是个坏医生！"

已经变得苗条了的女人恍然大悟，从此她和这个医生成了好朋友。

30. 华佗的药方

神医华佗，不仅擅长内科、外科和妇科、儿科，而且发明了中药麻醉剂，能给病人动剖腹的大手术，难怪丞相曹操也要召他看病。

一次，有个郡太守病了，日不思饭、夜不成眠，整日忧心忡忡，焦躁不安，病人的家属忙去请华佗来为他诊治。

华佗给太守按过脉，看过舌苔，断定太守的病是由于胸中积了淤血引起的，但要清除淤血，不是一般吃药、针灸所能解决的。华佗已有了诊治办法，不过他只字不提。

为防不测，太守要华佗住在府上。每天，太守家美酒佳肴盛情款待华佗。华佗照吃不误，而且吃罢就睡，享足了清福。过了一天又一天，却不给太守开药方。每每太守夫人询问疗法，华佗总是推说："病情古怪，让我考虑考虑。"

又过了数日，华佗竟不辞而别了，太守恼怒万分，连声骂道："什么名医、神医，简直是骗酒骗肉的大骗子！"太守气势汹汹地在屋里来回走着，不时发怒大骂，家人吓得不敢吭声。正在这时，管家送来华佗留在住房里的一封信。信中把太守骂得比狗屎还臭，比坏蛋还坏，世上所有糟糕透顶的字眼都用上了，气得太守暴跳如雷，声嘶力竭地大吼："给我快派人追，杀掉那骗子！"

喊罢，太守大口大口地喷出了污血。

说来也奇怪，过了一会儿，那太守竟觉得目明神爽，接着觉得腹中饥饿，竟能有滋有味地吃下好多东西。晚上，一上床便合眼，进入了梦境。后来，太守似乎明白了怎么回事，就面谢华佗，并问起留信之事，华佗捋须一笑："那封信，乃是我专为大人开的一剂特殊的'药方'，你见了气得口吐淤血，不就好了吗？"

31. 盲人也能跳伞

在休闲活动走向惊险刺激的潮流之下，许多人选择了跳伞训练来挑战自己的胆识。就在一次例行的业余跳伞训练中，学员们由教练引导，背着降落伞鱼贯登上运输机，准备进行高空跳伞。

突然，不知哪个学员一声惊叫，随着这一阵叫声，大家才发现，竟然有一位盲人，带着他的导盲犬，正随着大家一起登机。更令人惊异的是，这位盲人和导盲犬的背上，也和大伙儿一样，有着一具降落伞。

飞机起飞之后，所有参加这次跳伞训练的学员们，都围着那位盲人，七嘴八舌地问他，为什么要参加这一次的跳伞训练。

其中一名学员问道："你根本看不到东西，怎么能够跳伞呢？"

盲人轻松地回答道："那有什么困难的？等飞机到了预定的高度，开始跳伞的警示广播响起，我只要抱着我的导盲犬，跟着你们一起排队往外跳，不就行了？"

另一名学员接着问道："那……你怎么知道什么时候该拉开降落伞？"

盲人答道："那更简单，教练不是教过？跳出去之后，从一数到五，我自然就会把导盲犬和我自己身上的降落伞拉开，只要我不结巴，就不会有危险啊！"

又有人间："可是……落地时呢？跳伞最危险的地方，就在落地那一刻，你又该怎么办？"

盲人胸有成竹地笑道："这还不容易，只要等到我的导盲犬吓得歇斯底里地乱叫，同时手中的绳索变轻的刹那，我就做好标准的落地动作，不就安全了？"

跳伞活动结束以后，盲人和所有学员一样，安全顺利地抵达了地面。

32. 海水也能解渴

一次，一艘远洋海轮不幸触礁，沉没在汪洋大海里，幸存下来的7位船员拼命挣扎才登上一座不知名的孤岛。

但接下来的情形非常糟糕，他们迷失了方向，身边没有任何通讯设备向外求援。岛上除了石头，还是石头，找不到任何可以用来充饥的东西。更要命的是，在烈日的暴晒下，他们又饿又渴，嗓子渴得直冒烟。四周除了海水还是海水，可谁都知道，海水又苦又涩又咸，根本不能用来解渴。他们唯一的希望是老天爷下雨，或过往船只经过时发现他们。

等啊等，既没有等到雨，也没有等到经过这里的任何一只船。渐渐地，他们终因支撑不住纷纷渴死在孤岛上。

当最后一位船员渴得实在受不了将要死的时候，心想：与其这样干渴而死，不如喝点海水再死，反正是死。于是他扑进海里，"咕噜咕噜"地喝了个够，感觉非常舒服，便静静地躺在岛上。他一觉醒来，却发现自己还活着，很奇怪，难道海水也能喝？于是他每天靠喝岛边的海水度日，终于等来救援的船只。

后来，人们化验这水才发现，这儿由于有地下泉水的不断翻涌，所以靠近岛边的海水实际上都是可口的泉水。

海水是咸的，不能喝，这是一条基本常识，也是所有人在认识问题上固有的经验。6名船员被渴死了，不是"环境"害死了他们，而是"经验"害死了他们！

33. 起死回生

在一次欧洲篮球锦标赛上，保加利亚队与捷克斯洛伐克队相遇。当比赛剩下 8 秒钟时，保加利亚队以 2 分优势领先，一般说来已稳操胜券。但是，那次锦标赛采用的是循环制，保加利亚队必须赢球超过 5 分才能取胜。可是用仅剩下的 8 秒钟再赢 3 分，谈何容易？

这时，保加利亚队的教练立即请求暂停。许多人对此举付之一笑，认为保加利亚队大势已去，被淘汰是不可避免的，教练即使有回天之力，也很难力挽狂澜。

暂停结束后，比赛继续进行。这时，球场上出现了众人意想不到的事情：只见保加利亚队员突然运球向自家篮下跑去，并迅速起跳投篮，球应声入网。这时，全场观众目瞪口呆，全场比赛时间到。但是，当裁判宣布双方打成平局需要加时赛时，大家才恍然大悟。保加利亚队这出人意料之举，为自己创造了一次起死回生的机会。加时赛的结果，保加利亚队赢得了 6 分，如愿以偿地出线了。

34. 印有导游图的手帕

日本东京有一家专卖手帕的"夫妻老店"，由于超级市场的手帕品种多、花样新，他们竞争不过，生意日趋清淡。眼看经营了几十年的老店就要关门了，他们在焦虑中度日如年。

一天，丈夫坐在小店里漠然地注视着过往行人，面对那些穿着入时的旅游者，忽然灵感飞来，他不禁忘乎所以地叫出来，把老伴吓了一跳，以为他急疯了。正要上前安慰，只听他念念有词地说："导游图，印导游图。"

"改行?"妻子惊讶地问。

"不不,手帕上可印花、印鸟、印山、印水,为什么不能印上导游图呢?一物二用,一定会受游客们的青睐!"老伴听了,恍然大悟,连连称妙。

于是,这对老夫妻立即向厂家订制了一批印有东京交通图及有关风景区导游的手帕,并且广为宣传。这个点子果然灵验,手帕销路大开。他们原本清淡的生意也红火起来,不久就赚了一大笔钱。

35. 四块糖果的妙用

我国著名教育家陶行知先生,一生注重创造,他以"天天是创造之时,处处是创造之地,人人是创造之人"为理念,来教育学生,规范自己。即便是教育学生,也不乏创意,不同凡响。

陶行知先生看到自己的一名叫王友的学生用泥块砸自己班的男生,当即制止了他,并令他放学时到校长室去。

放学后,陶行知来到校长室,王友已经等在门口准备挨训了。可一见面,陶行知却掏出一块糖果送给他,并说:"这是给你的,因为你按时来到这里,而我却迟到了。"王友惊疑地接过糖果。随之,陶行知又掏出一块糖果放到他手里,说:"这块糖果也是奖给你的,因为我不让你再打人时,你立即就住手了,这说明你尊重我,我应该奖励你。"王友更惊疑未定了,他眼睛睁得大大的。

陶行知又掏出第三块糖果塞到王友手里,说:"我调查过了,你用泥砸那些男生,是因为他们不守游戏规则,欺负女生。你砸他们,说明你很正直善良,有跟坏人作斗争的勇气,应该奖励你啊!"王友感动极了,他流着眼泪后悔地说道:"陶……陶校长,你……你打我两下吧!我错了,我砸的不是坏人,而是自己的同学呀!"

　　陶行知满意地笑了，他立即掏出第四块糖果递过去，说："为你正确地认识错误，我再奖给你一块糖果，可惜我只有这一块糖了，我的糖用完了，我看我们的谈话也该完成了吧！"说完就走出了校长室。

36. 眼见为虚，耳听为实

　　多年来，人们获取外界信息，观察认识世界，主要依赖眼睛，以至于耳朵成了聋子的摆设，极少派上用场。随着人类文明的飞速发展，耳鼻舌等感觉器官的认知作用日渐凸显，发挥着越来越重要的作用。

　　以前，鸟类学家发现鸟的新种往往靠眼睛。一种鸟的新种被发现、被鉴别，耳朵总是不被重视。

　　但是，美国鸟类学家泰德·帕克却打破常规，利用听觉发现了鸟的新种。他想，鸟在林中飞，森林那么大，树木和藤蔓长得那么密，林中光线不足，鸟在枝上啼，对树上的鸟不是看不到，就是看不清，要判断一种鸟是否是新种，真是太困难了。要是用枪把鸟打下来，那么肯定有许多鸟被无辜地打死，成了冤死鬼。

　　他经常想，鉴别某只鸟是否是新种，为什么一定要看它的羽毛、体态呢？为什么不可以辨别它的声音呢？每一种鸟都不仅有自己的色彩、特有的羽毛、与众不同的体形，而且有不同的鸣叫声。形态特征可以用眼睛去观察，鸣叫声可以用耳朵去辨别。每一种鸟都有自己独特的鸣叫声，这就像人一样，每个人有不同的指纹，也有自己独有的声音。要发现新的鸟种，不一定非要用形态鉴别法，用鸟语鉴别法同样有效。

　　这一想，打开了思路，为他的研究工作打开了新的局面。他来到亚马逊河畔的原始森林中，这里是世界上最大的热带雨林，是世界上物种最为丰富的地方。由于近年来这里不断地砍伐森林，不知有多少新的物种（包括鸟类）还没有被人们认识，就从地球上永远地消失了。

他在森林中跋涉着、寻找着，不时侧耳倾听着林中鸟的啼唱。森林中的鸟儿们有时放开歌喉，大声独唱；有时则是群鸟合唱，聒噪一片。各种鸟的鸣叫各有特点，有的怨艾，有的热烈，有的急促，有的悠扬。帕克花了五年时间，录制了几千种鸟的啼叫声。他听觉敏锐，在工作中熟识了不同种鸟的啼叫声，即使看不到鸟，只要听听鸟叫，就能判断这是一种什么鸟。这些录音，是一部珍贵的鸟语典，是鸟的档案库，用它可以鉴别鸟种，发现新鸟。

有一次，他又来到亚马逊河畔的森林。忽然，他听到一阵陌生的鸣叫声。这是一种完全新颖的鸟叫声，以前他从来没有听到过，他的"鸟声词典"中没有它的档案。直觉告诉他，这是一种新鸟，发现了它，就是发现了一个新的鸟种。

他小心翼翼地沿着鸟声在丛林中一点一点地走近小鸟栖息的树枝，生怕惊动了这只鸟。从树叶的隙缝中一看，他感到一阵失望。看上去这不是一种新鸟，而是一种普通的霸翁类食虫鸟。

他犹豫了一下，想放过这只鸟。但继而一想，自己熟悉各种鸟的叫声，这只鸟的叫声却很新鲜。鸟并不知道下面有人正在注意它，还在枝上鸣个不停。帕克细心地听着，他在心里掂量着，从叫声看，这是一个新种。最后，他下了决心，决定相信自己的耳朵，要仔细鉴别一下，以免错过了一次发现的机会。他举起了枪，决心击落它，看看它是不是一个新种。

"啪"的一声，鸟应声落地，帕克走上前去仔细一看，这种鸟果然与霸翁鸟非常相似，但并不是霸翁鸟。它与以往的霸翁鸟不同，有着橙黄色的眼睛。原来，这是霸翁鸟的一个亚种。

37. 相同的故事

有一个人的耳朵听不见了，但是他并不想让别人知道自己是个聋子。一次，他和朋友们聚会，大家都被其中的一个朋友讲的故事逗笑了，这个聋子见大家都笑了，也跟着笑起来，并对大家说："我也要给你们讲一个有趣的故事。"

在这个聋子讲完故事之后，大家都笑得比之前更厉害了，你知道这个人讲的是什么故事吗？

（因为这个聋子讲的故事就是刚才那个朋友讲的故事，这样大家肯定会笑得更厉害了。）

38. 篮球比赛

在一场篮球比赛中，红队和黄队正在进行一场很关键的比赛，两队队员和教练都很紧张。红队需要赢黄队 6 分才能在小组出线，在离终场只有 6 秒钟的时候，红队还只赢了 2 分。显然在这最后的时间里，红队想要再赢 4 分是不可能的了。就在这时，红队的教练突然喊了暂停，召集队员交代了自己的作战计划。

请你想象一下，要怎么设计红队才有机会出线呢？

（红队教练让本队的队员投中一个 2 分"乌龙球"，让黄队得 2 分，这样就能与黄队打成平局。根据篮球比赛的规则，在规定的时间内，如果双方打成平局，就可以加赛 5 分钟。这样，红队就可以利用这 5 分钟，来赢取宝贵的 6 分。）

39. 书童拿的什么东西

有一次白居易和朋友一起喝酒，这个时候白居易的朋友提议，大家可以边喝酒边作诗。

白居易高兴地说："边饮酒边作诗可不能少了一样东西呀!"然后，他将书童叫来，书童问："拿什么东西呢?"

白居易摇着脑袋说："有面无口，有脚无手，又好吃肉，又好喝酒。"

只见书童听完就离开了，一会就将东西拿来了。在座的无不感慨：连一个小小的书童都如此聪慧，真是厉害啊!

你知道书童拿来的是什么东西吗?

(当然是一个酒桌了。)

40. 餐桌上的考题

晚餐时明明对饭菜不满意，不想吃饭了。爸爸说："如果你能把一个鸡蛋立在桌子上，我就为你准备其他吃的，如果你立不起来就得乖乖吃饭。"

明明接过爸爸手中的鸡蛋，左立右立，就是没法让它立起来，只好向爸爸求救。爸爸轻而易举地就将鸡蛋立在桌子上了，明明只好乖乖地吃饭了。

你能想到明明爸爸是怎么做到的吗?

(把鸡蛋往桌子上一砸，鸡蛋下面的壳就磕破了，鸡蛋就稳稳地立在桌子上了。)

41. 花的颜色

公主家里有一个很大的花园，但是她每次都只看见红色和蓝色的花，因此很不高兴，就对花匠说："为什么只有两种颜色的花？我想要看到其他颜色的花。"

花匠听了之后说："是，公主，明天就会看到其他颜色的花了。明天公主只要从楼上的窗口向下看，就一定能看见其他颜色的花了。"

你知道花匠是怎么在一天的时间内让花变颜色的吗？当然他不可能在花上涂上颜色。

（花匠只是将红蓝两色的花混杂种在一起，这样公主从楼上的窗口眺望，因光线和远近的关系，公主看到的就是紫色的花。）

42. 聪明的女孩和恶毒的婆婆

有一个女孩很聪明，村子里有一个歹毒的婆婆，她最喜欢刁难别人。这个婆婆一直很嫉妒这个女孩的聪明，想找机会治治这个女孩。

有一天，女孩和婆婆相遇了。婆婆说："人家都说你聪明，那我问你一个问题，你如果能回答得上来，我就放过你，如果你回答不出来，那你以后就别自以为自己很聪明了！"

婆婆开口就说："什么东西吃草不吃根？"

女孩想了想，很快就回答出来了，你知道这是什么东西吗？

（镰刀。）

43. 士兵过河

在一个寒冷的冬天，一支部队来到松花江上，虽然气温很低，但是江面只结了一层五六厘米厚的冰，冰上面覆盖着一层雪。五六厘米厚的冰显然不能支撑这支部队的士兵过河，只有等冰层达到七八厘米厚再过河才是安全的。

大家正在着急等待的时候，一个士兵想到了一个方法。只等了很短的时间，冰层的厚度就达到八厘米以上了。

你知道是什么方法吗？

（在冰面上浇水，水在冰面上迅速降温，很快就结成冰了。）

44. 哑巴和瞎子

有一个哑巴需要买钉子，于是他就对售货员比划动作，他先把右手食指放在柜台上，左手握拳向下做敲击的动作，售货员看到后拿给哑巴一把锤子，哑巴连连摇头，于是又把动作重复了一遍，售货员总算明白他是要买钉子，于是，哑巴满意地付完钱走了。

这时又有一个瞎子走进了商店，他想买一把剪刀，你知道他会怎么做吗？

（瞎子直接说要买剪刀就可以了。你是不是想瞎子会用手比划剪刀的形状呢？别忘了，瞎子是可以说话的哦。）

45. 香客为什么有歹意

　　某地有一座关帝庙，有很多人到庙里求财祈福，而庙里的关公往往也会微笑着实现他们的愿望。

　　有一天，来了一名香客，他祈求关公能保佑他生意兴隆，财源广进，可是关公却大喝道："你怎敢有如此歹意？该当五雷轰顶！"

　　香客听后，吓得赶紧拔腿逃跑。

　　关公旁边的周仓笑道："这个人肯定是个不法之徒。"

　　关公摇头道："不，他做的是合法生意，也是个规矩的生意人。"

　　周仓奇怪地问道："那为什么你说他有歹意呢？"

　　关公笑而不答，你知道是什么原因吗？

　　（因为他是棺材店老板。他祈求生意好，也就是希望有很多人死了，这样才会有很多人买棺材。）

46. 两名警察的对话

　　在一个冬天的早上，有 A、B 两名警察奉命站在一条马路的安全岛上，负责监视来往车辆。他们两人一个朝东一个朝西，一动不动地站着执行任务。在他们两个人之间有一段对话，对话如下。

　　A："好冷啊！"

　　B："是啊！"

　　A："你胸前的扣子松开了，快扣上吧。"

　　B：用手摸了摸胸口，说："是哦！"

　　那么，请问 A、B 两名警察在一个朝东一个朝西，一动不动的情况下，A 是如何看到 B 的胸前的呢？

（因为他们两个是面对面站着。游戏里说他们两个一个朝东一个朝西，但并不是说他们一定是背对背站着。）

47. 不可靠的预测机

有人发明了一部预测机，声称它可以预测未来。比如：预测机预测到未来会发生这件事，就会亮绿灯。如果亮红灯，就表示"不会"。

当得知机器的神奇作用后，很多人欢呼不已，特别是警察局的警察，因为这样可以减去很多工作任务，使工作变得更轻松。但有个警察局局长表示这部机器根本不可靠，一句话就能验证。

结果，人们对机器说这句话后，机器果然无法预测。那么，这句话是什么呢？

（这句话是："预测机的下一个预测结果会亮红灯。"）

48. 聪明的作家

有一位作家很喜欢和人开玩笑。有一次，他遇到了一位牧师在讲坛上布道。由于牧师说得毫无新意，于是他准备捉弄一下牧师。

他对牧师说道："牧师先生，你虽然讲得很好，但你说的每一个字，我都曾经在一本书里看过。"

牧师很不悦地表示，这根本不可能。但作家始终坚持，牧师在无奈之下只好请作家把那本书拿来，以证明作家说的话。

作家很快就找到了那本书。牧师看到了书后，很是哭笑不得。

作家和牧师都没有说假话，那么作家到底拿出的是一本什么书呢？

（作家拿出的是一本字典。牧师所讲的每一个字，在字典里都有。）

49. 狗是如何吃到食物的

有一个人用一根 2 米长的绳子拴住了狗脖子，然后把狗牵到了院内的树下。他又拿来了狗食，准备从里面取出一部分给狗吃。

这时有朋友在院子外喊他。于是他便把狗食放在了离狗 5 米远的地方，然后去和朋友聊天了。回来后，这个人发现，狗把狗食全都吃完了。

拴狗的绳子很结实，并没有断，也没有人解开它。那么，狗是如何吃到狗食的呢？

（这个人虽然用绳子拴住了狗脖子，但绳子的另一端并没有拴在树上，狗是自由的，所以，也就能吃到狗食了。）

50. 安全过桥洞

有一辆满载货物的卡车正准备通过一座立交桥的桥洞。在开到桥洞附近时，司机忽然发现卡车的顶部比桥底要高 1 厘米。这样一来，卡车就无法通过这个桥洞，如果强行通过肯定会被卡在桥底。

卡车上装的是一个很大的集装箱，无法卸下来，也无法分割。

如果绕路，会耽误很多时间，影响货物到达的时间。

你能帮司机想一个简单而安全的方法，快速地通过这个桥洞吗？

（把汽车的每个轮胎都放一点气，让汽车的高度降低 1 厘米以上，这样就可以安全地通过桥洞了。）

51. 如何安全通过山涧

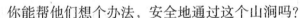

有一条 4 米宽的山涧，下面是一条湍急的大河。山涧上没有桥，来往的人都需要带一块长而宽的木板才得以过河。

有一次，山涧的一边有个人要过山涧，但却只带了一块 3.8 米长的木板，而山涧的对岸也有个人要过山涧，他只带了一块 3.2 米长的木板。由于两个人带的木板都不够长，所以都没办法过山涧。

你能帮他们想个办法，安全地通过这个山涧吗？

（山涧这边的人把自己的木板向对岸伸出一部分，并站在木板上，压住木板。对岸的人也把木板的一端搭在自己的一边，另一端压在对方的木板上，就可以过河了。过河后，对岸的人再压住这边岸上的木板，让这边的人过山涧即可。）

52. 去和回来的时间为何不一样

在一个无风的天气里，有一个人从某城市开车到另一座城市办事，车速是每小时 50 千米，途中没有坡道，只有一个轮渡，但并没有等待，到达目的地的时候一共用了 80 分钟。

事情办完后，他就直接开着同样的一辆车，沿着同样的路线往回走，车速还是每小时 *50* 千米，过轮渡时，同样没有等待。他回到家后一看表，发现居然走了 *1* 小时 *20* 分钟。

你知道为什么去和回来的时间不一样吗？

（题目里的说法容易让人产生错觉，但仔细想一想就会明白，*80* 分钟和 *1* 小时 *20* 分钟是一样长的，只是单位不一样而已。）

53．两个乒乓球

小雨要小华陪她打乒乓球，但小华不愿意，于是对她说："我在袋子里放两个乒乓球，一个黄色，一个白色。你伸手进去取一个乒乓球，如果是黄色的，我就陪你玩。如果是白色的，你就自己玩。"

小雨同意了，但小雨却发现转过身放球的小华放了两个白色的乒乓球。这样一来，无论她拿到哪一个，都会是白色的，结果都是输。

你能想个好办法，让小雨即使拿到了白色的乒乓球也能赢吗？

（小雨可以从袋子里随便拿一个球，拿出后不要让人看到，要立刻藏起来，然后要求看袋子里的球是什么颜色。根据规则，只要袋子里的球是白色，小雨就赢了，而袋子里的球显然是白色的。）

54．如何破案的

在某小区发生了一起谋杀案。警方调查完现场后惊讶地发现，这是一起智慧型谋杀案，凶手的手段非常高明，作案痕迹清理得非常干净。警方在现场没有发现任何有价值的线索，也没有目击者，也找不到嫌疑人，所以，这起案件被认为是目前为止最棘手、最难抓住凶手的案件。

然而，让人极为惊讶的是，在警方调查完现场约 1 个小时后，警方却宣布案件已破，也知道谁是凶手了，犯罪过程也知道了。

你知道这是什么原因吗？

（因为在 1 个小时后，凶手就向警方自首了。）

55. 旅行家的时间

有一位旅行家在回家的途中迷失在草原上了，只好无目的地顺着日落的方向走。他带有两只手表，但表上的时间都不准确，所以他也不知道具体的时间。

一段时间后，他发现，他的一只手表的时间比另一只手表每小时慢了 3 分钟。当他又走了很久再看手表的时候，走得快的手表比走得慢的手表整整快了 3 个小时。

那么，你知道他从第一次看表到现在一共走多少时间了吗？

（一只手表比另一只手表每小时快了 3 分钟，在经过 60 小时后，它们的时间差正好为 3 个小时。）

56. 是谁在说谎

一个农夫在山坡上种了一些西瓜。西瓜结蒂时，这个农夫却生病了，他担心西瓜的长势，于是他叫两个儿子分别去看看田里的西瓜长势如何。

大儿子回来后说："西瓜长有碗口大小。"

小儿子回来后说："西瓜只有碗底大小。"

很明显他们两个有一个人说谎了。十几天后，农夫的病好了，他去地里一看，发现西瓜有碗口大了。

那么，你知道当时小儿子和大儿子两个谁说谎了吗？

（大儿子说谎了。因为农夫在十几天后看，西瓜才有碗口大，这说明在十几天前西瓜肯定没有这么大。）

57. 他为什么是小偷

火车到站了，突然有一位女士喊道："我的提箱不见了。"

车下正好有一名巡逻警察经过，他先让那位女士别着急，看看是不是有人拿错箱子了。

女士发现一个男子提的箱子与自己的一样。于是她快速地走过去，对那名男子问道："这是你的箱子吗？"

那名男子一怔，马上说："对不起，我拿错了。"男子把箱子还给了那位女士，并继续向出口走。

那名警察看到这里后，便喊道："他是小偷，抓住他！"

你知道警察为什么说他是小偷吗？

（既然是拿错了，那么他原来肯定有自己的箱子。但他把箱子还给那位女士后，直接去了出口，而不是回头找自己的箱子。所以，他应该是个小偷。）

58. 水为什么能喝

在一片大森林里有一个小村落，村落里有一些人只说实话，另外一些人只说谎话。

在一个晴朗的天气里，一位旅行家来到了这个小村落。旅行家感到口很渴，正好前方有一个装有水的小水桶，但不知道桶里的水能不能喝。

旅行家想了一下，便对一位路过的村民间道："今天的天气真好啊，是吧?"

"是啊。"

"这水可以喝吗?"

"可以。"

听完村民的回答后，旅行家便喝起了桶里的水。那么，他是怎么知道水可以喝的呢?

（因为天气晴朗，旅行家说天气很好，说明对方是一个说实话的人，也就可以判断出水可以喝了。）

59. 做事马虎的刘老师

刘老师做事很马虎，这一次，他要给四名同学获得的奖状上写名字，但做事马虎的他把一些人的名字和对应的奖项写错了。

当然，他不会犯下在一个奖项下写两个名字的错误，所以，出现的错误主要是这样三种可能:

1. 正好有三个人写对了。

2. 正好有两个人写对了。

3. 正好有一个人写错了。

那么，你能判断出他究竟写错了几个人的名字吗？

（三种可能中，第一种和第三种都是不可能发生的，所以只有第二种有可能。由于他写对了两个人，那么他写错的也是两个人。）

60. 他在走私什么

有一位士兵，负责在边境检查过境人员是否有走私货物的情况。最近，他经常发现有一个人开着小轿车，车后备箱里装有一大包干草的人非常可疑，但每次把他拦下来打开干草包检查时，却发现里面除了干草之外什么也没有，于是只好放行。

虽然这名士兵断定这个人一定是走私犯，但却始终找不到证据。就这样，这名走私嫌疑犯每天开着小轿车、带着一大包干草过境，士兵也每天进行检查，却始终一无所获。

那么，你知道这名走私嫌疑犯到底在走私什么物品吗？

（他走私的是小轿车。）

61. 是谁闯的祸

有甲、乙、丙、丁四个小孩子在踢足球。其中有一个孩子踢球时一不小心用力过大，足球撞在了楼上刘阿姨家的玻璃上，把玻璃撞碎了。

刘阿姨很生气，下楼来问他们是谁干的。

甲说："是乙干的。"

乙说："是丁干的。"

丙说："我没干。"

丁说："乙在说谎。"

在他们四个人中，只有一个人说了实话。那么，你知道是谁打碎了刘阿姨家的玻璃吗？

（是丙干的。由条件可知，乙和丁肯定有一个在撒谎。假设乙没有撒谎，那么就是丁干的，但这样丙说的话也是实话。由于只有一个人说实话，所以，乙应当是在说谎。因此，可以判断出是丙干的。）

62. 遗嘱为啥变成了白纸

简和琼都是盲人，也是好朋友。简在病危时请琼来作公证人，并立下一份遗嘱，准备把自己所有财产的一半捐给慈善机构。简随即让妻子拿来钢笔和纸以及个人签章，在床头写好遗嘱，然后把遗嘱装进信封里亲手密封好，交给了琼。

简死后，在简的葬礼上，琼请慈善机构代表来宣读遗嘱，然而当代表拿出遗嘱时，发现里面装的竟然是一张白纸。

琼很惊讶，这张遗嘱并没有别人接触过，怎么会变成一张白纸了呢？你知道这是为什么吗？

（简在立遗嘱时，他的妻子拿来的是没有墨水的钢笔，无法写出字，看起来像是一张白纸。）

63. 裙子的颜色

小雨最近买了一条新款短裙，裙子非常漂亮。她的朋友们询问她裙子是什么颜色，什么样子的。小雨卖了个关子，说："我这条裙子的颜色是灰、黑、白三种颜色中的一种。"

小文说："小雨一定不会买灰色的裙子。"

小雪说："裙子不是白色的就是黑色的。"

小英说："我想一定是黑色的。"

最后，小雨说："你们猜的答案至少有一个人是对的，至少有一个人是错的。"

那么，你知道小雨的裙子是什么颜色的吗？

（裙子是白色的。只要假设一下裙子是什么颜色，然后就可以判断出哪个朋友猜对了，哪个猜错了，进而就能判断出裙子到底是什么颜色了。）

64. 哪些属于意外事件

意外事件是指因当事人的故意或过失以外的偶然因素而发生的事故。那么，根据这个描述，请你快速判断一下下面哪些属于意外事件。

1. 小王和小马在下课打闹玩耍时，小王用圆珠笔把小马的眼睛戳伤了。

2. 刘医生未给小夏进行过敏皮试，直接给他注射青霉素，结果造成小夏死亡。

3. 某保安酒后昏睡，结果他负责看守的仓库失窃。

4. 贺先生故意驾驶一辆报废车辆跑运输，运输途中发生车祸。

（根据描述来判断，只有第 1 个属于意外事件。）

65. 哪些是第二语言学习

根据语言的学习顺序，一般来说，最先学习并使用的语言被称为第一语言；而之后学习使用的，则被称为第二语言。

根据上面的描述，请你快速地判断出下面哪些属于第二语言学习。

1. 出生在中国的韩国孩子，同时学习汉语和韩语。

2. 中国孩子学习了英语后，又开始学习德语。

3. 中国孩子出国后，同时学习英语和德语。

4. 外国留学生来中国学习汉语。

（根据描述，2、3、4 这三种情况都属于第二语言。）

66. 还需要走多久

有一个行人在路上遇到了一个老者，于是问老者："请问，顺着这条路到最近的小镇还要走多久？"

老者说："那你就走走吧。"

行人说："我知道走，我想问我需要多长时间？"

老者说："你就走吧。"

行人很生气，觉得老者在戏弄自己，于是就继续向前赶路。

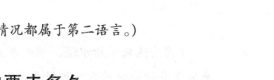

行人刚走一会，就听到老者在后面喊："再过一个半小时，你就到了！"

行人听后很奇怪，回头大声喊道："你为什么不早点告诉我？"

那么，你知道老者为什么刚才不告诉行人，而是过了一会后才告诉他吗？

（因为老者要观察行人行走速度的快慢，所以就需要等行人走一段路后，才能告诉他需要多长时间。）

67. 为什么差点被淹死

9岁的小华有1.2米高，他不会游泳，但他很喜欢玩水，特别喜欢在家附近的一个平均水深为0.8米的池塘里玩水。他的朋友很担心，而他总是说："没关系，池塘的平均水深才0.8米。"

但是有一次，小华在这个池塘里玩水时却差点被淹死。这是怎么回事呢？

（因为池塘平均水深，不代表池塘里的每个地方的水深都一样，池塘里有的地方的水就可能会很深。）

68. 司机的想法对吗

某地，有一名司机开着一辆有着封闭车厢的卡车经过一个检查站。交警让司机把卡车开到量重器上去，当司机把卡车开到量重器上后，便从车上跳了下来，并用棍子敲打车厢。

交警询问原因时，他说："卡车肯定超重了，不过车上拉的是活鸟，没有用绳子绑上，我敲打车厢让鸟飞起来，这样鸟的重量就不会显示出来了。"

请你判断一下司机的这种想法对吗。

（不对，因为卡车的车厢是封闭的。而鸟飞起来需要用力拍打翅膀，这种力又会通过空气重新施加于卡车的平板上。所以，司机的举动是白费工夫。）

69. 消失的 1 元钱

有 3 个人去宾馆住宿，他们各出 10 元，凑了 30 元交了住宿费。

后来，经理告诉服务员今天有特价，3 个人只要交 25 元就可以了，并让服务员把多出的钱退还给他们。

服务员藏起了 2 元，把剩下的 3 元给了那 3 个人。他们 3 个人每人拿了 1 元，也就是说，他们每个人只出了 9 元钱住宿。

但是 3 个人，每个人 9 元，也就是 3 个人一共出了 27 元钱，再加上服务员藏起的 2 元一共是 29 元钱，还有 1 元钱到哪里去了？

（3 个人支付了 27 元的住宿费用，并没有错，但服务员藏起的 2 元是包含在这 27 元内的。所以，正确的算法应当是 27 元的实际费用加上 3 元退回的费用，这才是付出的 30 元。）

70. 他是如何战胜冠军的

有三个人，他们是很要好的朋友。其中，一位是全国羽毛球冠军，一位是全国象棋冠军，只有第三个人是一个普通人。

一天晚上，他们三个人在酒吧里喝酒，那个普通人对别人说："今天我们三个痛快地玩了一天，我们是又打羽毛球，又下象棋。我可是大胜，既战胜了羽毛球冠军，又战胜了象棋冠军。"

旁边的人都笑他在吹牛，觉得肯定是两位冠军在让着他。但两位冠军却摇头表示，他们都尽了最大的努力。

两位冠军并没有谦虚，说的也是实话。那么，这是怎么回事呢？

（因为他和羽毛球冠军下象棋，和象棋冠军打羽毛球，所以他能赢。）

71. 招牌是什么

有 3 个人租赁到一处紧挨在一起的商场，他们分别开设了 3 家服装店，各自独立经营。

在准备开张的时候，左边的店主做了一块巨大的快要把门遮住的招牌，上面写着"酬宾大甩卖！"右边的店主也做了一块同样大的招牌，上面写着"不惜血本大降价！"

中间的店主看到了左右两家的招牌后，仔细想了一会，然后在自己的服装店店门上写了一行醒目的字。

这 3 家店铺同时开张，而顾客却纷纷走进了中间的那家店。

你知道这是为什么吗？

（中间的店主在门上写的是"主要入口处"，这样顾客会误以为从这里进去才能买东西，所以都会从这个门进入店铺。）

72. 猜猜他们都是谁

魔鬼总是在说假话；人有时说真话，有时说假话；天使，总是在说真话。

有一天，天使和魔鬼变成人的样子，与人碰到了一起，并各自说了一句话。用甲、乙、丙分别代替说话的主人，以下是他们说的话。

甲说："我不是天使。"

乙说："我不是人。"

丙说："我不是魔鬼。"

你能通过这三句话，分别判断出甲、乙、丙各是谁吗？

（甲是人，乙是天使，丙是魔鬼。魔鬼只能说假话，天使只能说真话，所以甲只能是人。假设乙是魔鬼，这与条件相矛盾。因此，可知乙是天使，丙是魔鬼。）

73. 不说话的鹦鹉

贺太太想买一只会说话的鹦鹉陪伴自己。她在宠物店看到了一只很漂亮的鹦鹉，于是问宠物店老板："这只鹦鹉会说话吗？"

老板很肯定地回答道："当然，这只鹦鹉会重复它所听到的每一句话。"

她听后很高兴，便把鹦鹉买回家了。但她发现这只鹦鹉在训练了几个月后，还是没有说过一句话。于是她想，是不是老板在撒谎？还是他有什么没说呢？

那么，你知道原因吗？如果知道就告诉贺太太，解除她心中的疑惑吧！

（宠物店老板没有撒谎，但是他没有提这只鹦鹉是个聋子。）

74. 我知道谁是凶手了

一天下午，小金去看望住在郊区别墅里的叔叔。到达别墅后，小金发现门是虚掩着的。小金推开门后，在一楼的餐厅里发现了叔叔的尸体，看上去，他是在用餐时被害的。

小金报警后便呆呆地坐在别墅前的一级台阶上，警察说叔叔遇害有十几天了。此时，只见别墅前的台阶有一级被送来的报纸堆得满满的，而别墅的台阶下还放着两瓶早已过期的牛奶，也是叔叔定的。

小金便盯着报纸和牛奶，看了一会后，突然说道："我知道凶手是谁了！"你知道小金是如何知道凶手是谁的吗？

（凶手是送牛奶的人。因为他知道小金的叔叔已经被害了，所以才不给这里送牛奶了，而送报纸的不知道，每天仍然把报纸送来。）

75. 如何才能找到活门

在古代，有一个人由于得罪了国王，被关在了一间特别设计的牢房里。

这个牢房有两个关闭了但未上锁的门，一个是活门，打开活门，他可以重获自由；一个是死门，打开死门，他会被立刻杀掉。牢房里有两名守卫，一个从不说假话，另一个从不说真话。这两名守卫都知道哪个门是活门。

根据这个国家的法律规定，他在行刑前，可以向这两名守卫问一个问题。

请你想一想他该问一个什么问题，才能找到活门离开牢房呢？

（他可以向任意一个守卫询问："请问你，如果我问他（指另外一名守卫），哪个门是活门，他会告诉我是哪个门？"无论答案是哪个门，那个门都是死门，他应当打开另一个门。）

76. 猎物的数量

有一个富翁枪法虽然不好，但却很喜欢打猎。有一次，他出去打猎，直到天很晚了才回来。

他的妻子以为他一定打回了很多猎物，于是问他打到了多少只猎物。

他想了想，回答道："打了9只没有尾巴的，8只半个的，6只没有头的。"

妻子听后莫名其妙，不知道他说的是什么意思，也不知道他到底打了多少只猎物。

那么，你知道他打了多少只猎物吗？

（"9只没有尾巴的"，把9去掉下面的尾，就是0；"8只半个的"，8字去掉一半，是0；"6只没有头的"，6字去掉上面的头，结果还是0。也就是说，那个富翁什么也没有打到。）

77. 小刘是骗子吗

村里有一个很善于伪装的骗子，大家都不知道他是谁。耳背的老村长找出了小刘、小方、小李三个最有可能是骗子的人。

老村长把三个人带到一间屋子里，说道："你们当中肯定有个骗子，自己坦白吧！"

小刘赶紧说："……"

"小刘刚才说什么了？"老村长没有听清，又问了一遍。

小方答道："他说他自己就是那个骗子，当然我不是骗子。"

小李答道："不是，他说他不是骗子，当然我也不是。"

老村长笑道："我知道谁是骗子了。"老村长如何知道谁是骗子的呢？

（小刘说的是"我不是骗子"。骗子很会伪装，自然不会立刻坦白，因此，小方才是骗子，想嫁祸给小刘。）

78. 怎么分遗产

一位富翁得了绝症，他很担心妻子和未出世的孩子。于是，富翁立下这样一份遗嘱："如果我的妻子生的是儿子，那么我的儿子可以继承2/3的遗产，我的妻子继承1/3的遗产；如果我的妻子生的是女儿，那么我的女儿将继承1/3的遗产，我的妻子继承2/3的遗产。"

富翁去世后，他的妻子同时生下了一个儿子和一个女儿。由于和遗嘱内容不同，使她不知道如何按照遗嘱分配财产。

那么，你知道该如何按照遗嘱，将财产公平地分配给他们吗？

（根据遗嘱来看，儿子所分的财产是妻子的2倍，而妻子是女儿的2倍。相当于将财产分成7份，儿子占4/7，妻子占2/7，女儿占1/7。因此，可以按照这个比例来分配遗产。）

79. 谁才是烟袋的主人

有姓张、王的两个人拿着一管旱烟袋找到了县官。张称烟袋是他花了高价买下的，王称烟袋是他的祖上传下的宝贝，已经用了多年。两人为了烟袋的归属争执不休。

县官说："这样吧，我出高价把烟袋买下了，你们在堂上各抽几袋烟后，便各领一半银子回家去吧。"

抽烟时，张吹不出烟灰，便用一根小竹片将烟灰挑出；王则是把烟袋用力磕打，以磕出烟灰。

县官看见这一幕后，就知道烟袋的主人是谁了。那么，县官是如何知道烟袋的主人是谁的呢？

（姓张的人是烟袋的主人。因为张对烟袋很爱惜，而王虽然声称烟袋是祖上所传的宝贝，但却用力地磕烟袋，一点也不爱惜，所以可以推断王是在说谎。）

80. 玻璃鞋的主人是谁

王子在舞会上遇到了一位他非常喜欢的女孩。但在舞会后，王子却找不到那位女孩了，只找到了一只女孩穿的玻璃鞋。

王子根据玻璃鞋找到了三个可能是那位女孩的人。由于王子辨认不出哪个才是，只好对她们说："把脚伸出来，我要看看你们能否穿得下这只鞋子。"

当三名女孩子把脚伸出来后，王子却并没有让她们试穿，只是看一下她们伸出的脚后，就说已经知道那个女孩是谁了。

那么，王子是如何知道的呢？

（因为三人中只有一个人伸出了与那只鞋子同侧的脚。当人丢失了鞋子后，自然知道丢失的是哪一只脚上的鞋，不会伸出另一侧的脚。）

81. 猴子的身份

公园里有3只猴子，其中一只总说真话，一只总说假话，一只总犹豫不决，有时说真话，有时说假话。人们总是无法分辨出它们，只好问它们问题，希望通过问题能分辨出它们。问的问题是：

问在左边的猴子："谁坐在你的旁边？"猴子回答："总说真话的猴子。"

问在中间的猴子："你是谁？"猴子回答："总是犹豫不决的猴子。"

问在右边的猴子："坐在你旁边的是谁？"猴子回答："总说假话的猴子。"

根据上面的问题和回答，你能推测出它们各自的身份吗？

（假设中间的猴子是说假话的猴子，就可以判断出左边的是犹豫不决的猴子，右边的是说真话的猴子。）

82. 你知道他们的名次吗

　　甲、乙、丙、丁四个人是好朋友，在一次考试结束后，他们分别取得了前四名。在成绩公布前，他们各自对自己的成绩做了一番自我估计。

　　甲说："我不可能是第四名。"

　　乙说："我能得到第二名。"

　　丙说："我会比甲高一个名次。"

　　丁说："我比丙高两个名次。"

　　考试成绩公布后，他们发现他们之中只有一个人估计错了。你知道是谁错了吗？他们各自又是多少名呢？

　　（假设甲的估计是错误的，那么丙应当是第三名，丁是第一名，乙是第二名，结果与条件正好符合，没有矛盾。所以，只有甲估计错了。）

83. 凶手是他吗

　　有一个人杀人后逃走了。警察赶到现场后，根据几名目击者提供的凶手相貌，从一家酒吧里找到了那个人。

　　但那个人却说自己一直在酒吧里，从没有出去过。酒吧的经理和服务员也证实了这个说法。目击者却一致确认，无论是相貌，还是衣着，都和作案者一模一样。后来，警察检查了嫌疑犯留下的指纹，发现和那个人的指纹的确不同。

　　带队的警官想了一下，问了那个人一个问题，得到答案后，他笑道看来凶手应该是他了。

那么，你知道警官问的是什么问题吗？凶手到底是谁呢？

（警官问的是那个人有没有孪生兄弟。如果有，凶手可能就是他的孪生兄弟。）

84. 谁是小偷

田警官正在查看一宗盗窃案的 5 个嫌疑犯的口供。他们的口供分别如下。

A：D 是小偷。

B：我是无辜的。

C：E 不是小偷。

D：A 说的全是谎话。

E：B 说的全是真话。

田警官经过调查后知道，在他们当中有 3 个人说的是真话。那么，根据他们的话，你能找出谁是小偷吗？

（E 是小偷。A 和 D 的话相矛盾，根据条件，可以判断出两个人中肯定有一个在说谎。B 和 D 的意思一样，但由于只有两个人说假话，可知他们两个说的都应当是真话。这时可知 C 在说谎，从而可以判断出 E 是小偷，A 说谎，D 说的是真话。）

85. 小花猫搬鱼

猫妈妈买了 4 条鱼，小花猫有 4 个盘子，小花猫将其中的三条鱼放进了一个盘子里，另一条放进了另一个盘子，还有两个盘子空着。猫妈妈告诉小花猫说，如果想吃掉这些鱼，就要把鱼集中到一个盘子里，而且每次都必须从两个盘子里分别拿出一条鱼，放到第三个盘子里，只有达到这些要求，你才能吃这些鱼。

可惜，小花猫试了很多次，也没有达到要求，只好望着鱼流口水。你能帮助小花猫达到要求，顺利地吃到鱼吗？

（将盘子编号为甲、乙、丙、丁。先从甲、乙中各取一条鱼，放入丙盘中；再从甲、丙中各取一条鱼放到乙盘中；再从甲、丙中中各取一条鱼放入丁盘中；再从乙、丁中各取一条放入甲盘中；最后将乙、丁中各剩下的一条鱼放到甲盘中。）

86. 猜猜今天星期几

明明和欢欢是好朋友，但是她们都很糊涂，很容易弄不清楚日期。有一天，她们俩走在上学的路上。明明说："当后天变成昨天的时候，那么今天距离星期天的日子，就和当前变成明天的那个今天距离星期天的日子相同。"

你能从明明的话中，判断出今天是星期几吗？

（今天应该是星期天。）

87. 借书

小明今年十岁了，他周末喜欢一个人到图书馆借书回来看。但有一天去图书馆借书时，却执意要爸爸陪他一起去，爸爸好奇地问：

"平时不都是你一个人去的吗？今天怎么要我陪你一起去啊？"而小明肯定地说："我今天要借图书，爸爸不跟我一起去就无法借。"爸爸还是不解，这家图书馆并没有要求小孩要有家长的陪同才能借书啊。

你知道是为什么吗？

（因为小明这次要借一大套书，如果没有爸爸的陪同，他根本拿不回来，因为太重了。）

88. 神童与知府

从前有一个神童，知府很想知道神童是否像人们说的那样聪明，于是就问神童："你父亲是靠什么维持生计的？"

神童答道："慈父肩挑日月。"

知府接着问："那你母亲是做什么的呢？"

神童回答："家母手转乾坤。"

知府听后满意地点了点头，心里是相当地佩服这个孩子。那么，你知道神童父母的职业分别是什么吗？

（父亲是挑水的，母亲是磨豆腐的。）

89. 为什么会来不及

小明和梅梅是同班同学，两个人的家又住得很近，相距只有8米，只要打开窗户就可以交谈了，他们有什么东西总是这样共同分享。一天，小明打开窗子对梅梅喊道："快点来我家吃蛋糕，很好吃的。"梅梅回答说："现在不行啊，我妈让我在家接个电话，大概会在 *10* 分钟后打来，我怕来不及。"

你知道为什么他们家那么近的距离梅梅却说会来不及吗？

（他们两家虽然住得很近，但是分别住在不同的楼里，只是层数相同而已，而且这两座楼也没有电梯，因此会来不及。）

90. 同学间的吹牛比赛

两个同学在一起玩吹牛比赛。他们首先吹牛说谁吃得多。

甲同学说："我能把长江的水一口喝掉。"乙同学说了一句话，甲同学就输了。

第二轮，甲同学说："我能把南极洲当面包一口吃掉。"乙同学又说了和上次同样的话，赢了甲同学。

第三轮，甲同学说："我可以把地球当肉丸子一口吃掉。"最后乙同学还是用同样的话赢了甲同学。

为什么乙同学总是赢呢？你知道他说了什么话吗？

（乙同学说的是："我能够把你吃了。"）

91. 爱模仿人的猴子

星期天，爸爸带梅梅去动物园看猴子。有一只猴子特别喜欢模仿人，只要看到人的姿势、手势，猴子都能模仿。当梅梅用右手摸自己下巴的时候，猴子也会用右手摸下巴，梅梅闭上左眼时，猴子也闭上了左眼。但是爸爸对梅梅说："猴子再会模仿人，有一个简单的动作它却永远也不能模仿。"你知道是什么动作吗？

（当人们闭上双眼的时候，猴子也会闭上双眼，但是当人睁开双眼的时候，猴子是看不到的，因此也就不能模仿。）

92. 开水不见了

星期天，小明一个人在家，突然他想吃速食面，于是他就把锅放在炉子上烧开水，不巧的是他昨天晚上已经把最后一袋速食面吃了。

没有办法，小明只好急匆匆地赶到超市买速食面。20 分钟后小明买好速食面回到家，当他把锅从炉子上端下来的时候，发现开水没有了。家里就小明一个人，这到底是怎么回事呢？

（因为小明忘记了关火，开水变成蒸汽了。）

93. 机灵的狼

一条干瘦的狼走在小路上，看起来饿了很久，这时它发现一只肥羊被关在一个铁笼子里。笼子的缝隙刚好可以让这条狼钻进去。

当狼正准备钻进笼子饱餐一顿的时候，它突然想到："等一下吃饱了，就钻不出笼子，这样就会被羊的主人逮住。"而狼又无法将羊整只拖出笼子。

你能帮狼想出一个既可以吃饱又不被主人逮住的方法吗？

（狼可以先钻进笼子，把羊咬死后，再把羊撕成可以拖出笼子的小块。这样就能在笼子外面吃掉羊，并且可以在主人发现之前逃跑。）

94. 他勇敢吗

有一个人总是向朋友吹嘘自己有多勇敢。有一次，他和朋友们一起搭乘某种交通工具，朋友们纷纷问他："你真的有自己说的那么勇敢吗？"那个人听后很笃定地说："没错，我很勇敢！"

不一会儿，他的朋友都在途中一个个跳下去了，只有这个人和另外一个人一直撑到了最后。结果他被朋友嘲笑说："你真的不勇敢哦！"

你觉得这个人勇敢吗？如果他是勇敢的，那么，他们搭乘的是什么交通工具呢？

（他们搭乘的是跳伞专用飞机，准备跳伞。只有那个人和另外一个人最后没有跳，他当然不勇敢啦，而另外一个人是驾驶员。）

95. 清官巧断案

有一个人吃了鳝鱼后，肚子疼了起来，很快就死掉了。

大家都怀疑是这个人的妻子害的，便把其妻子抓去见官。奇怪的是这名官员在检查尸体后，命令当地的渔民去抓鳝鱼。

当渔民把抓来的上百斤鳝鱼一起带来的时候，官员命令将这些鳝鱼放在水瓮里。在众多的鳝鱼中，有那么几条总是昂起头，大家都很奇怪，仔细观察了一下，这些鳝鱼都是两三寸长的。为什么这些鳝鱼都昂着头呢？当官员向大家说明白道理后，大家才恍然大悟：

原来死掉的人不是其妻子杀害的啊!

(因为鳝鱼有两种,其中一种是蛇鳝,这种鳝鱼是有毒的。辨别的方法是将鳝鱼捕捉到后,直接放进水瓮里,昂头的即是蛇鳝。)

96. 分辨遗嘱

有一个富翁突然病死,却发现了两份遗嘱,于是就引起了两个受益人的官司。其中第一份遗嘱是用打字机打出来的,字迹工整清楚,语言逻辑性也很强;而第二份遗嘱是用圆珠笔手写的,知情人都觉得字迹很像是富翁的,里面提出否定第一份遗嘱,并且还强调是躺在病床上仰面写成的,因此遗嘱上的字迹有些凌乱。

很多人都认为第二份遗嘱是真的。有一个律师却很快用证据说明了第一份遗嘱是真的。你知道他是怎么证明的吗?

(因为用圆珠笔仰面写字,很快就会写不出字了。不信你可以试试看。)

97. 小孩的游戏

有三个好朋友在公园里玩,玩着玩着他们觉得有些累了,就在旁边的石椅上睡着了。在他们睡着的时候,一个很调皮的小孩用彩笔在他们的脸上画了几条线。当他们三个人醒来的时候,发现其他两人脸上的线之后,就笑出声来了。开始他们以为只是其他的两人在相互取笑,而没有想到自己的脸上也被画了线。

直到三个人中突然有一个不笑了,因为他知道自己脸上也被画上了，你知道他是怎么知道的吗？

（现在把这三个好朋友分为 A、B、C，假设发觉自己被画线的是 A，A 就会想："我们三个人都可以认为自己的脸是干净的，B 认为自己的脸是干净的，所以笑 C 的脸给画线了，但如果 B 看到我的脸是干净的，那么他对 C 笑就会很奇怪，因为这种情况，C 没有发笑的理由。然而，现在 B 没有感觉到奇怪，他就认为 C 在笑我。由此可见，我自己的脸上也被画线了。"）

98. 钻石不见了

从前有一位富翁，他很喜欢炫耀自己的一颗大钻石。他还特意把钻石放在一个很大的窄口玻璃瓶内，供朋友来参观。玻璃瓶本身重 30 多千克，一般人要搬走也不是一件容易的事，为了更加安全，他还在放钻石的房间周围装了防盗警报，只要有人移动玻璃瓶，警报系统就会响起。

一天，富翁刚从外面回来就发现钻石不见了，于是他马上报警了。警察调查得知，在富翁外出的这段时间，只有三个人先后进入放钻石的房间，一个是管家，一个是保安，一个是负责清洁地毯的工人。

警察很快就得知是谁偷走了钻石，你也想到了吗？

（清洁工人。他是利用吸尘器把钻石吸走的。）

99. 到底损失了多少

一天，一位顾客拿了一张百元钞票去杂货店张妈妈那买了 15 块钱的面条，由于张妈妈没有零钱，就拿着百元钞票去向隔壁水果摊的老板换了 100 块的零钱，回来找了顾客 85 块零钱。

顾客刚走不久，水果摊的老板就过来说刚才张妈妈拿过来换零钱的百元钞票是假的。张妈妈仔细确认是假钞后，无奈地拿了一张真的百元钞票给水果摊的老板。

在这整个过程中，张妈妈一共损失了多少钱呢？

（张妈妈一共损失了 100 块。张妈妈在和水果摊老板换钱时，用 100 块的假钞换了 100 块的真钞，这一过程张妈妈没有损失，而水果摊的老板损失 100 块。在卖面条的过程中，张妈妈所拿到的 100 块都是真钞，也没有损失，最后换给水果摊老板的就是总共损失的，即 100 块。）

100. 三个直角的三角形

小华越来越贪玩，功课落下了不少，尤其是数学成绩下降更多。小华的爸爸很是着急，想了很多办法来激发孩子学习数学的兴趣。

这一天，小华在学校刚学习完"关于直角三角形"，晚上等到小华做完作业，爸爸想加强一下小华白天所学的知识，就让小华把直角三角形的定义背熟。

然后问小华说："你想想看，有没有三个角都是直角的三角形？"

小华思考了很长时间，认为没有那样的三角形。

于是，爸爸找来一个气球，一支画笔。然后在充满气的气球上画一个直角，延长它的一条边，使其绕过三分之一个气球。

然后再在延长一边的终点处画第二个直角，同样延长它的另一边至一样的长度。再从第二个直角一边的延长线的终点开始画第三个直角，并且要延长它的另一边至第一个直角一边延长线的起点处。

这时候，小华亲眼目睹了有三个直角的三角形的存在。

你明白里面的道理吗？

（其实，在平面上是不可能有三个直角同时出现在一个三角形中，但是如果是在三维空间，就有可能三个直角同时存在。因为三维空间的数学规则与平面的数学规则不太一样，所以在气球上可以画出三个角都是直角三角形。）

101．你会测树的高度吗

小军和小云两个人平时关系最好了，而且作业也是在一起完成。

周末，两个人写完作业到楼前的小亭子里面去玩，过了一会儿，小军抬头想看看天空，可是树很高挡住了视线。

此时，小军想：这棵大树多高呢？

小军叫来小云一起测量。

两个人首先将厚纸板剪成正方形，然后再剪成全等的等腰直角三角形。再用细绳系住小石头，将细绳的一端固定在三角形的直角上，使细绳沿着三角形的一边悬挂着。

然后小军拿着等腰直角三角形靠近待测的树木，用眼睛沿斜边对准树梢，同时调整距离使得系有石块的细绳沿着等腰直角三角形的一边垂下。

就这样，等到小军完全对准之后，他又拿直尺量了量所站立的地点和树之间的距离。

过了一会儿，小军就告诉了小云树的具体高度。

小云问："你是怎么计算的呢?"

小军说："其实，这个算法很简单。"

你知道小军是怎样计算的吗?

(首先在计算的时候，可以假设树的高度为 z，而人和树之间的垂直距离是 x，因为小军所用的三角形是等腰直角三角形，所以大树的高度和人树之间的距离是一样的，也就是 z 和 x 是相等的；然后再计算出眼睛离地面的高度 y，这样大树的高度就是 x 和 y 相加得到的和。)

102. 有多少水

从前，一个国王经常给身边的大臣出难题来取乐，如果大臣答对了，他就会赏赐；如果答不出来，则将受罚，甚至被砍头。

有一天，国王指着一个池塘问："谁能说出池子里有多少桶水，我就赏他珠宝。如果说不出来，我就要'赏'你们每人 50 大鞭。"大臣们被这突如其来的问题难住了。

正在大臣们心慌意乱之际，走过来一个放牛的小男孩。他问清了事情的缘由之后就要求大臣们把他带到国王身边。

国王见眼前的小男孩又黑又瘦又小，便十分怀疑地说："这个问题答上来有奖，答不上来可要被砍头的，你知道吗?"在场的人都替这个小男孩捏了一把汗，可小男孩却不慌不忙地回答出国王的问题。国王无奈，就拿出珠宝奖励给了小男孩。

你知道小男孩是怎样回答的吗？

（小男孩是这样回答的："这要看桶有多大：如果桶和池塘一样大，就是一桶水；如果桶只有池塘一半大，就有两桶水；如果桶是池塘的三分之一大，就是三桶水……"实际上小男孩打破了习惯性的思维模式，对具体的问题进行具体的分析。）

103．几粒纽扣

星期天，妈妈正坐在桌边缝制小丽的新衣服。小丽因为没有事情做，就缠着妈妈做数学游戏。于是，妈妈随手从桌上拿起一把纽扣，说："我们就来做一个猜纽扣数的游戏。"

首先是妈妈转过身去，让小丽在桌上随意抓取一些纽扣，但左右两手中的纽扣数要相等（假设现在小丽左右两手各有6粒纽扣）。然后妈妈回过身来，小丽把手放在背后，右手给左手几粒纽扣（假设右手给左手5粒纽扣，这时，左手的纽扣数为6＋5＝11，右手的纽扣数是1粒）。而右手还剩几粒纽扣，就从左手取回几粒（右手剩1粒，就从左手中取回1粒）。

这时，小丽告诉妈妈：现在右手有2粒纽扣，左手有10粒纽扣。妈妈立即就猜出小丽原先手中各有6粒纽扣。

你知道妈妈是用什么方法得知小丽手中原来的纽扣数吗？

（其实只要把小丽两手的纽扣数相加再除以2就能得出答案；也就是（2＋10）÷2＝6，小丽原来的手中各有6粒纽扣。）

104. 汽水上方燃烧着的火柴

夏天的天气很热，马可和张莉在家里玩耍，尽管有风扇吹着，可是两个人还是感觉很热。

这时，张莉说："要是能喝上一瓶爽口的汽水，就可以马上解渴解热了。你说是吧，马可？"

正在一旁独自玩玩具的马可，听了之后表示同意，并且转动着脑袋想了想说："好像家里还有汽水呢，我去拿过来！"

实在忍不住热的马可从冰箱里面拿出两瓶汽水，一瓶自己喝，另一瓶递给张莉。

马可把汽水一打开，砰地冒出许多气泡。

张莉看到这些气泡，突然想起了化学老师以前曾经教过的一个实验。

于是对马可说："我想起以前化学老师曾经说过'燃烧的火柴只要放到汽水上方，就会熄灭'，我们来做这个实验吧，看看是不是跟老师说的一样。"

马可和张莉找来家中的火柴，然后点燃，放到盛有汽水的杯子上方，结果火柴马上就熄灭了。

你知道这是什么原因吗？

（当把烧着的火柴拿到杯子上方时，火柴马上就灭了，这是因为汽水里含有加压的二氧化碳气体。汽水瓶打开后冒出大量气泡，倒入杯中后，杯口上方聚积了大量二氧化碳气体而缺少氧气。而火是燃料在高温时和氧结合而急剧地放出热能和光能的现象，只有靠氧气，火柴才能燃烧，而二氧化碳是不助燃的，所以火柴自然就熄灭了。（注

意：做这个游戏一定要用新鲜的刚开瓶的汽水来做比较保险)

105. 肥皂为何能去污

小华是个勤奋好学的孩子，经常在家里一个人看书学习。而当小华学习累了的时候，就去家里的各个房间转转，看看有没有什么新鲜东西。

这一天，小华看书看累了，想休息一会儿，却听到卫生间里面妈妈洗衣服的声音，于是小华就跑过去凑热闹。

小华看到妈妈把衣服放进盆里，然后在衣服上打好肥皂，一件一件地洗完。

看了一会儿，小华突然问妈妈："妈妈，为什么您要用肥皂洗衣服呀？"

妈妈说："因为肥皂能够把衣服上的脏东西去掉呀！"

"可是这些肥皂怎么去掉脏东西呢？"小华继续问妈妈。

而妈妈这时正好把衣服都洗完了，就坐到沙发上给小华讲了肥皂的成分等知识。

讲完之后，小华点点头说："没想到洗衣服里还有这么多的学问。"

妈妈说："是啊！生活里到处都是学问，你一定要好好学习哦。"

小华使劲点了点头。

你知道肥皂为什么能够去污吗？

(因为普通肥皂的主要成分是高级脂肪酸的钠盐和钾盐。肥皂分子因为既有亲水又有亲油的两重性，所以就能使原来互不相溶的油和水联系起来。油污等物质被肥皂分子和水分子包围后，它们与衣服纤维间的附着力减少，一经搓洗，肥皂液就涌入不等量的空气，生成了大量泡沫。泡沫表面好像有一层紧张的薄膜，它既扩张了肥皂液的表面积，又使肥皂液更具有收缩力，通常把这种液体表面的收缩力叫做表面张力。在表面张力的作用下，衣服所沾的油污灰尘等微粒，就容易脱离衣物，随水而去，这就是肥皂能去污的秘密。）

106. 会燃烧的糖

晚上早早地写完作业的小丽，不知道要做些什么，这时候看到坐在沙发上的爸爸也是闲着没有什么事情。小丽就走到爸爸跟前，说："爸爸，您是不是没事干了呀？上次说的教给我一个好玩的实验，您还没教给我呢！"

爸爸抬头看着小丽，想了想说："好吧，爸爸今天就教给你一个好玩的，保证你看了会感兴趣！"爸爸继续说："你见过会燃烧的糖吗？今天我们就来让糖燃烧！"

小丽爸爸首先取一块方糖放在一个金属盒盖上，对小丽说："你用火柴试试，看它能点燃吗？"小丽试了试不行。可是，后来爸爸竟然能让糖燃烧！

只见小丽爸爸把方糖的一角放上少许香烟灰，然后在相同位置放上一根燃烧的火柴，方糖立即就冒出蓝色的火焰燃烧起来，直到最后完全融化。

你知道这是为什么吗？

（等到糖燃烧以后，放在糖里面的烟灰还是烟灰，既没有增多也没有变少，但是烟灰在这里充当催化剂，对于糖的燃烧起到了一定的作用。）

107. 盐是怎么来的

莉莉不喜欢吃盐，因为她觉得盐咸咸的，很难吃。可是妈妈总是对她说："莉莉，不吃盐的话，就会变成白发魔女了!"可是，莉莉总是不明白盐是从哪里来的，为何不吃会变成白发魔女呢?

于是，妈妈告诉她："我们吃的食盐好多都是从海水中提炼出来的。人们会在海滩上建好多盐池，然后把海水引入，再让太阳进行暴晒，这样阳光就会蒸发掉海水，然后盐就以固体的形式留下来，再经过加工就成了我们食用的盐了!"

妈妈又教给莉莉一个相关的小实验。只见妈妈首先在玻璃杯中倒入半杯清水，然后往里面加一些盐，一边加一边用搅拌棒搅拌，直到杯子里的液体浑浊为止。

接着用过滤纸把那些没有溶解的盐滤去，再把玻璃杯放到太阳下面晒两天，这时候再观察，玻璃杯的底部就出现了一些盐的结晶。

通过这个实验，莉莉终于明白了盐是怎么来的。那么，亲爱的读者朋友，通过这个实验，你知道盐是怎么来的吗?

（在生活中，人们食用的大部分盐都是从海水里面结晶出来的。制盐的过程包括纳潮、制卤、结晶、采盐、贮运等步骤。其中，纳潮就是把含盐量高的海水积存于修好的盐田中。制卤就是让海水的浓度逐渐加大，当水分蒸发到盐田中时，这时的盐水就是卤水，俗称"泡淹母液"。这种盐水要及时转移到下一个池子，即结晶池中。卤水在结晶池中继续蒸，食盐就会渐渐地沉积在池底，形成结晶，这样食盐达到一定程度就可以采集了。）

108. 生锈的扣子

张莉的妈妈给她新买了一件衣服，拿回家之后，张莉立刻就穿在身上照镜子，然后很臭美地问妈妈："妈妈，我穿着好看吗？"

妈妈笑着说："好看，莉莉穿什么衣服都好看！"

这时候，张莉更加乐得合不拢嘴了。

张莉对妈妈买的这件衣服爱不释手。

可就在张莉沉浸在喜悦中的时候，突然看到衣服不显眼的地方一个装饰性的铁扣子一点也不光亮了，像生锈了一般。

于是，张莉赶紧拿着衣服找妈妈："妈妈，这件衣服不是新的吧，你看这里的扣子都生锈了！"

妈妈仔细地检查了一下，说："莉莉，这是新的，不过可能是在衣服制作完成后，没有及时保护好，让扣子生锈了。没有关系，扣子在这个地方是不碍事的，不影响美观的！"

可是，张莉总觉得对衣服有一点不满意，于是问妈妈："妈妈，那么铁为什么会生锈呢？"

你知道铁锈是怎么来的吗？

（因为在潮湿的空气中，空气中的氧价和运转的速率较高，时常与水汽中的氧互换位置。刚从水汽中置换出来的氧速率不稳，瞬时还有单原子氧出现，所以很容易与铁化合，形成三氧化二铁。三氧化二铁质地疏松吸潮，形成了铁生锈的恶性循环。还有空气中的二氧化碳有少量能溶入水中，形成局部碳酸，与铁反应，这也是铁生锈的原因之一。还有假如铁的成分不纯，或是受到外力而内应力较大或变形较大的地方更易生锈。）

109. 神奇的水果抹布

小米吃饭的时候，总是喜欢把菜放进米饭里面拌着吃，但是每次吃完饭，小米的碗里总有一层油。小米很懂事，每次都帮助妈妈把洗洁精挤进碗里，帮妈妈刷碗，可是这样的话，手上也弄上很多油，黏糊糊的。

一天上课的时候，老师给小米班里的同学介绍的是"神奇的水果"。老师说这水果还有抹布的功能，同学们都不相信，可是老师当场做了实验，让同学们心服口服。

小米回到家中，就告诉妈妈这种"神奇的水果抹布"，妈妈试着用了一下，还真好用，夸小米是个聪明的孩子，小米调皮地做个鬼脸，说："这还是我们老师教的呢!"

你知道水果是如何变成神奇的抹布的吗?

（是用一块苹果片，来擦整个碗中有油的地方。不一会儿，就把这个油碗都擦干净了。这是因为：水果中含有果酸，而刚刚切开的苹果里面的果酸含量较多，用苹果切片在油碗上面抹擦，酸会和碗里的油污发生化学反应，生成可溶于水的物质，从而使得碗里的油污被苹果抹去，碗也就变得光亮如新了。）

110. 神奇的密写墨水

小华正在写作业，莉莉拿着一张纸就向小华跑过来，莉莉扬扬手中的纸说："看看，我手中的这张纸上没有字吧?"小华说："当然没有字了，这不是白纸一张吗?"

莉莉神秘地说："但是，你知道吗？这张纸上其实是写有字的！这是一张'密写纸'！"小华顿时来了兴趣，说："真的吗？那怎么才能看到字呢？"

莉莉拿来一根蜡烛，然后点燃。拿手中的纸放在蜡烛的火焰上，这时，小华看见纸上逐渐显示出字来。小华开心地说："这太好玩了，怎么做到的呢？"莉莉神秘地说："这是因为我使用了一种密写墨水，所以就能写出神秘的字来。"

亲爱的读者，你知道莉莉用的是什么密写墨水吗？

（原来只要找到柠檬汁或食用醋就可以写密写字了。用笔蘸着它写在普通的白纸上，等纸干了以后，纸上的字迹就会消失。这是因为柠檬汁或食用醋，通过化学反应使纸上写了字的部分成了一种类似玻璃的物质。它的燃点低于纸张本身，所以烘烤时，写字的地方先烧焦，故而密函的内容显现了出来。）

111. 会逃跑的颜色

张莉去找小伙伴童童玩，可是到了童童家，张莉才知道童童生病了，正躺在床上休息。不过生病的童童对于张莉的到来很高兴，快乐地跟她聊天。过了一会儿，两个人都不知道该说些什么了，这时候，机灵的张莉想起一个游戏来，就对童童说："童童，我给你变个魔术吧！"童童当然很高兴地点头同意了。

只见张莉找来一个小的塑料瓶和一个搅拌棒，还有一些食用红色素。首先在塑料瓶里面倒入50%的水和33%的食用红色素一起搅拌均匀，然后用吸管把漂白剂一滴一滴地滴到瓶里面，这时水里面的红色消失了，水最后变清了。

你知道颜色为什么最终消失了吗？

（因为加入的漂白剂里面含有"次氯酸盐"，这个物质释放的氧气和食用红色素里面的红色物质结合生成无色的化合物，所以水的红色消失而变清了。）

112. 失踪的头发丝

小南的头发该洗了，妈妈催促着她去洗头发。而天性爱玩的小南不愿意洗头发，就对妈妈说："妈妈，你别总给我洗头发，头发经常接触水是会腐烂的！"

妈妈笑了："为什么呀？"

小南说："你没看好多东西放在水中，时间长了都会腐烂吗？"

小南的妈妈让小南剪几根头发放在水中，一个月过去了，两个月过去了……小南的头发并没有腐烂的迹象。这是为什么呢？

妈妈对小南说："我们的头发在水里是很难泡烂的，可是我却有一个方法让头发消失！"

小南用怀疑的眼神望着妈妈。

妈妈找来一个饮料瓶，放进去20根头发，然后再倒入25%的漂白剂，用小勺摁住头发，让头发完全浸泡在漂白剂里面。

放置半小时左右，小南发现漂白剂表面产生了很多泡沫，头发已经开始溶化，并逐渐消失了！

亲爱的读者，你知道这是为什么吗？

（人们的头发最终都会腐烂的，因为头发的主要成分是蛋白质，但是在平时的环境中，头发腐烂的速度很慢，即使在常温湿润条件下，也需要50年以上，因为分解胶原纤维的微生物很少。不过，这里的头发之所以能够溶化，是因为漂白剂属于碱性，而头发是酸性，酸碱遇到一起就会发生中和反应，所以头发丝就消失不见了。）

113. 变蓝的淀粉

张力经常搞出一些好玩的游戏实验，因此大家都叫他"小科学家"。小丽很高兴自己能和"小科学家"张力是邻居，也很喜欢找张力玩。

这天小丽又来找张力玩，张力正在做一个好玩的淀粉游戏。只见张力首先在碗里放了少许的面粉，再加一点水搅拌均匀，然后再倒入开水搅拌，等到冷却后，取出一点放入另一个小盘子上，滴上几滴碘酒，不一会儿，面粉就变成蓝色了。

小丽吃惊地喊："呀！变颜色了，这是怎么回事呀？"

（这是因为淀粉是白色不定形的粉末，由10%～30%的直链淀粉和70%～90%的支链淀粉组成。直链淀粉具有遇碘变蓝的特性，因为溶于水的直链淀粉借助分子内的氢键卷曲成螺旋状，第一个螺距由六个葡萄糖残基组成。如果在淀粉液中加入碘液，碘分子便嵌入到螺旋结构的空隙处，并且借助范德华力与直链淀粉联系在一起，形成了一种络合物，这种络合物能够比较均匀地吸收可见光，而反射的光是蓝光，所以使淀粉溶液呈现出蓝色来。）

114. 变色魔术

化学老师要给大家做个魔术，只见老师把紫叶甘蓝的叶子切细放入碗中，并注入开水。

大约半个小时过去了，同学们吃惊地发现，水的颜色变成紫色，而老师又把变了色的水倒入一只玻璃杯中。

然后取三只小玻璃酒杯，各倒入半杯清水，再在第二杯中倒入少许白醋，第三杯中倒入少许漂白粉。

这个时候老师又在每只杯中都倒入一些菜汁，各杯中原来透明的液体就会开始变色。

只见第一杯变成紫色，第二杯变成红色，第三杯则变成了绿色。

真是好玩的变色魔术，看着大家吃惊的表情，化学老师问："同学们，你们知道这是为什么吗？为何会变颜色呢？"

大家你看看我，我看看你，都不知道其中的奥妙。他们用好奇的眼神看着化学老师。

化学老师见没有同学知道，才原原本本把这个魔术的化学原理说了出来。

亲爱的读者，你知道为什么吗？

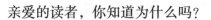

（原来紫叶甘蓝的菜汁会变色是因为紫叶甘蓝的内部含有一种叫花青素的物质，这种花青素遇酸性水溶液能使紫甘蓝汁变红。醋是酸性水溶液，所以紫甘蓝汁呈红色；这种花青素遇碱性水溶液能使紫甘蓝汁变绿，而漂白粉呈碱性，所以紫甘蓝汁呈绿色；这种花青素遇中性水溶液不能使紫甘蓝汁变色。另外，这种紫叶甘蓝指示剂也告诉我们：第一杯是中性的，第二杯发生了酸性反应，而第三杯则是碱性反应。）

115. 怎样让茶叶听话

欣欣和小朋友一起踢球，回家的时候已经非常口渴了，恰好看见爷爷刚冲泡好一杯茶。

欣欣开心地跑了过去，端起茶杯就要一饮而尽。可是欣欣却发现水面上漂浮着一片茶叶，他想把茶叶转到杯子的另一边，这样自己就可以痛快地喝水了。

可是，那茶叶似乎很不听话的样子，任凭欣欣怎么转动，茶叶都会在靠近欣欣喝水的位置！

欣欣着急了，而坐在旁边的爷爷不由地笑了起来。

爷爷说："这茶叶是不会听你的话的！"

欣欣疑惑地问爷爷："怎样让茶叶听话呢？"

身为博士的爷爷自信地说："我有办法让茶叶听话！"

只见爷爷用嘴将嘴边的茶叶轻轻吹开，就能很轻松地喝到茶水了。

欣欣很奇怪：为什么只能吹才能喝到水呢？

亲爱的读者，你知道这是因为什么吗？

（原来在欣欣转动杯子的时候，杯子对水的摩擦力与黏滞力都很小，而茶叶本身的惯性力量却很大，所以，不管你如何转动杯子，茶叶都会保持在原来的位置。而爷爷用嘴巴吹的办法茶叶的力量远远大于茶叶本身的力量，茶叶很容易就被吹动了！）

116. 分开套在一起的杯子

正在忙着做饭的妈妈需要两个玻璃杯来盛放食物。于是，就叫正在看电视的莉莉："莉莉，快过来，帮妈妈拿两个杯子过来，好吗？"莉莉愉快地答应了。

可是等到莉莉赶到厨房的时候，发现有两个杯子套在一起，同时杯子和杯子之间有一些水膜，这些水膜就好像黏性极大的胶一样，把杯子粘得牢牢的，莉莉怎么用力拔也拔不开。

于是，莉莉着急地对妈妈说："妈妈，这杯子怎么分不开呀!"妈妈看到莉莉很用力也没有分开，就微笑着说："这是因为水分子之间有聚合在一起的内聚力，水和玻璃之间有相互吸引的附着力。两个湿杯子摞在一起，使这两个力结合在一起，在杯子之间形成一种强有力的黏合力，因此，杯子拔也拔不开。"

只见妈妈往套在里面的杯子里倒上一些冰水，再把外面的杯子放在热水里浸一下，两个杯子很容易就分开了。

聪明的读者，你知道莉莉的妈妈利用了什么原理将杯子分开的吗?

（这是利用热胀冷缩的道理。里面的杯子收缩，外面的杯子膨胀，而这个极小的变化，能够破坏那层薄水膜在两个杯子间形成的黏合力，杯子就可以分开了。）

117. 会动的铅笔

马可和丽丽正在一起写作业，突然，马可的胳膊不小心碰到桌子上的一根铅笔，铅笔滚到了地板上。马可不情愿地捡起来，说："这个可恶的铅笔，还自己会跑了!"一听这话，旁边的丽丽乐了，说："马可，你就说是自己不愿意捡铅笔吧，还埋怨铅笔会跑了!"

马可不高兴地说："就是嘛，本来写得好好的作业，一下子就让这支铅笔打乱了!"丽丽撇撇嘴说："你说得不对，你根本就没有专心地写作业! 不过，我有一个办法让铅笔会自己动!"

只见丽丽把一支带棱的铅笔放在桌子上，然后在它的上面再放一支圆形铅笔，使其在上面保持平衡。再用一块强磁铁小心地接近铅笔尖，只见铅笔转动了起来。

亲爱的读者，你知道圆形铅笔为何会转动吗？

（铅笔中含有石墨，石墨被磁铁所吸引，铅笔就会转动了。）

118. 报纸上的空气压力

小南吃完饭，正在饭桌前，不知道该做些什么呢，这时，爷爷走过来，说："小南，过来看看爷爷做的好玩的游戏！"

只见爷爷拿来一根不太硬的薄木条横向放在平滑的桌面边上，一半放在桌面上，一半伸出桌面边缘。然后再把一张完整的报纸覆盖在上面，平铺并压实在木条和桌面上。用拳头猛击伸出桌面的那部分木条，意想不到的结果出现了：木条被击断了，可是这张报纸还是完好无损。所以小南很惊讶，报纸是不是有神奇的力量呢。

爷爷神秘地笑了："这其中的道理，你自己猜吧！"

亲爱的读者，你知道这其中都有什么道理吗？

（盖在报纸下面的薄木条已被大气固定的桌面上，当报纸平铺开的时候，报纸下面的空气被赶出，报纸上面的空气压力使得木条无法轻易上抬。）

119. 怎样才能折断火柴

这天，马可的爸爸拿着一根火柴对马可说："你能将这根火柴折断吗？"

马可不屑一顾地说："当然了！"

爸爸微笑着说："可要按照我的要求做哦!"

爸爸要求马可把这根火柴放在中指第一个关节的背上,然后用食指和无名指向下压的力和中指向上抬的力,去将这根火柴折断。

马可照着爸爸说的去做,可是怎么试也折不断火柴!

这时,爸爸又说:"你再换个姿势试试看,用中指往下压,食指和无名指往上抬,这样能折断吗?"

马可于是换了一个姿势,可是火柴就是不听使唤,一动不动的!

这根小小的火柴为什么就是折不断呢?

它有什么神奇吗?

(这根火柴并没有什么特殊的,特殊的是马可的爸爸利用了杠杆的原理。从力学的角度来说,当你折断火柴棍的时候,支点就在手指关节与手掌的连接处。而当在这么远的距离施力的时候,手指的力气太小,还不足以折断火柴。但是如果把火柴移到靠近手掌的指关节,就会发现火柴很容易就被折断了,因为这时候手指头构成的这个杠杆已经有足够的力了。)

120. 能吹泡泡的肥皂水

课间活动的时候,班里的"小精灵"小丽拿着一个小瓶,瓶子里有一个带有小圆圈的小棍棍,只见小丽用小棍往瓶子里蘸了蘸,然后对着圆圈一吹,好多泡泡就出来了。调皮的马可跑到小丽面前说:"这不就是外面商店里卖的'泡泡瓶'吗?嘿嘿,我以为是什么好东西呢?"

小丽见马可一上来就嘲讽自己,不高兴地说:"我这可不是在商店买的,而是自己制作的!"小丽用眼睛瞥了一下马可,就回到了自

143

己的座位上继续吹泡泡。

马可听到小丽说是自己制作的，感到很新鲜，也想自己做一个来玩。于是跑到小丽身边讨教。

小丽起初因为马可刚才说话很难听而生气，后来想想，教给他正好显示一下自己的能力，就答应了马可的请求。原来，小丽是用肥皂水做的泡泡。首先找来一个小瓶，并在里面灌满水，然后再找来一小块肥皂，放进水里，充分搅拌，过几分钟之后就可以用来吹泡泡了。

你知道肥皂水为什么能吹泡泡吗？

（因为泡泡是由于水的表面张力而形成的。这种张力是物体受到拉力作用时，存在于某内部而垂直于两个相邻部分接触面上的相互牵引力。水面的水分子间的相互吸引力比水分子与空气之间的吸引力强。这些水分子就像被黏住一样，而如果水分子之间过度黏合在一起，泡泡就不易形成了。肥皂正好"打破"了水的表面张力，使得泡泡能够吹出来。）

121. 捅不破的纸

张力闲着没事的时候，总是喜欢撕纸，妈妈说了好多次他都改不掉这个毛病。后来妈妈想到了一个很巧妙的办法。妈妈叫来张力，说："张力，如果你把我这张纸捅破的话，我就允许你再撕纸，否则的话，你就不能再撕纸了！"张力向妈妈做了保证。

妈妈取来一张面巾纸，一个硬纸板做的圆筒（装羽毛球或蜡纸的圆纸筒也可以），一根橡皮筋，一根棍子，再找一些沙子。用面巾纸包住圆纸筒的一头，用橡皮筋把纸固定，然后往圆筒中倒入8厘米左右高的沙子。这时，妈妈对张力说："现在一切准备好了，你一手握圆纸筒，另一手握住棍子，把棍子插入装沙子的圆筒里，然后使劲，看看你能把封在另一头的面巾纸弄破吗？"

张力心想面巾纸那么薄，肯定会弄破的，可是他努力了好多次都失败了。

你知道这是为什么吗？

（因为张力用在棍子上的力没有全部传到面巾纸上去。由于沙粒之间有许许多多微小的空隙，当张力把棍子往沙里捅时，沙粒彼此相互碰撞，把力传到了其他方向。沙子受到了一部分作用力，并把剩余部分的力分散开了，这样力就被分散到整个圆筒的各个表面，只有很小很小一部分力到达面巾纸上。因此，不管张力使多大的劲，也无法用棍子把薄纸弄穿。）

122. 影子是怎么来的

晚上，可可和爸爸妈妈一起去公园散步，公园有好多的人，有的在唱戏，有的在跳舞，有的在拉二胡，还有的提了只水桶在地上练字，好不热闹！

可可突然看到了自己的影子，而且随着距离灯光的远近，她的影子在不断地变化着。她又看看旁边的爸爸妈妈的影子，也是一样地在变化着。于是，可可问旁边的妈妈："妈妈，为什么我们会有影子呢？"妈妈说："影子是我们生活中再熟悉不过的朋友，它常常像一个或大或小的尾巴跟着我们。它的由来是因为光的作用，你试试用自己学过的物理学上的光的原理来解释一下这个问题。"

可可想了一会就想出来原理了，亲爱的读者，你知道这是什么原理吗?

（其实影子的由来是因为光是沿着直线传播的，当遇到不透明的物体时，光线被挡住了，这时它也决不会从物体旁边绕到后面去，因此物体背光的一面没有光线，形成了黑暗的一片。这样就形成了影子。影子的形状和大小不是固定不变的，它会随着光源的位置不断变化。在灯光下，离灯越远，影子越小；离灯越近，影子越大。）

123. 汽车轮胎上的花纹

周末的时候，马可的爸爸带着他去郊区的奶奶家玩。可是路上得走一段高速路。在高速路上面，来来往往的都是一些车辆，让马可觉得很无聊。于是马可就把眼睛瞅向汽车的轮胎上，看着那些飞快转动的车轮，马可的眼睛也觉得好像要转出来了。

突然，马可想起以前曾经注意观察过车胎上面的花纹，每一个轮胎上面都有好多花纹，就想问问爸爸那是为什么。

爸爸告诉马可，其实汽车轮胎上都有这样那样的花纹，主要是为了保证车辆行驶的安全。因为如果汽车只在非常干燥的路面上行驶，轮胎上不要花纹也十分安全，可是遇到雨天，没有花纹的轮胎很容易打滑。

可是，为什么会这样呢? 马可思考着……

你知道为什么汽车轮胎上面有很多花纹吗?

（这是因为在路面和轮胎之间有一层薄薄的水膜，水膜使轮胎和路面的摩擦力减小。这时候车子开起来会摇摇晃晃，想停却停不下来。但是如果轮胎上有花纹，水会从花纹的沟里排出去，轮胎和地面仍然紧紧地贴在一起，因此不容易打滑。另外，在野外行驶的车辆的轮胎上的花纹又深又宽，能紧紧地"咬"住地面，即使是在雪地上行驶，也不容易打滑。)

124. 巧论出身

在一次联合国大会上，有很多国家的外交官来参加，这其中也免不了不同国家的外交官因为对某一事件的看法不一样而发生争吵。当时英国的一个外交官就与苏联外交部长莫洛托夫发生争辩。两个人谁都不愿意甘拜下风，所以出口的话语都不饶对方。

最后辩到山穷水尽的时候，英国的外交官忽然想起莫洛托夫出身贵族，于是重新发起攻势，对苏联外交官说："莫洛托夫先生，你是贵族出身，而我家祖祖辈辈都是矿工，我们两个究竟谁能代表工人阶级呢？"这句话很显然是在讥讽莫洛托夫先生。可是善于随机应变的莫洛托夫回答了一句，立刻让英国外交官哑口无言。

你知道莫洛托夫说了什么吗？

（莫洛托夫不动声色地说："你说得对，我出身贵族，而你出身工人。不过，我们两个都当了叛徒啦！"）

125. 卓别林智斗歹徒

出门在外总免不了有意外发生。这一天傍晚，天才大师卓别林正走在回家的路上，可是走着走着，前面突然出现了一个歹徒，而且这个歹徒还持有一把手枪，并用枪指着卓别林的头说："快把钱拿出来，否则就得小心你的脑袋！"这时卓别林知道自己处于弱势地位，也就不做那些没用的抵抗了，而是乖乖地掏出了钱包送到歹徒手上。

正当歹徒很得意的时候，卓别林对歹徒说了几句话，然后就听见六声枪响。这时的卓别林一拳头打到歹徒的头部，使得歹徒昏了过去。而卓别林赶紧取回钱包，笑呵呵地走了。

你知道幽默的卓别林大师对歹徒说了什么吗？

（原来卓别林对歹徒说："这些钱不是我的，是我们老板的，现在这些钱被你拿走，我们老板一定认为我私吞公款。所以拜托您在我的帽子上打两枪，证明我遭打劫了。"歹徒心想，有了这笔巨款，子弹钱算便宜了，于是便对着帽子射两枪。而卓别林再次恳求："可否在衣服、裤子上再各补两枪，让我的老板深信不疑。"头脑简单、被钱冲昏头的劫匪，统统照做，所以发出了六声枪响，子弹也就打完了。）

126. 虚构的钓鱼故事

英国著名的作家狄更斯，不仅写出伟大的作品，让人们念念不忘，而且还是一个机智幽默的人。有一天狄更斯想要放松一下心情，就到江边去钓鱼了。他一边观赏沿岸的风景，一边等待鱼儿上钩。

这时候，从远处走来一位年轻人，一直走到他的跟前，然后说："怎么，您在钓鱼？"

"是啊，"狄更斯随口回答，"今天运气真糟，这时候了，还没钓到一条鱼儿呢。可是昨天也是在这里，这个时间就已经钓了 15 条呢！"

不过，好像那位年轻人并不搭理这茬事，因为那个年轻人说道："是这样吗？可是您知道我是谁吗？我是专门管这段江面的，这儿是禁止钓鱼的！"说着，年轻人从口袋里掏出发票本，要记名罚款。

就在这时，狄更斯灵机一动，挽回了这个损失！

你知道伟大作家狄更斯是怎么说的吗?

(狄更斯连忙反问:"您知道我是谁吗?我是一名作家,虚构故事是作家的事业,所以,不能罚我的款!")

127. 五十步笑百步

在战国中期有个国君叫做梁惠王。这个国君为了扩大疆域,聚敛财富,想了许多办法,甚至还把百姓赶到战场上,为他打仗。

可是梁惠王还不满足于国家的百姓数量,找来孟子问:"我对于国家,总算尽心了吧!河内收成不好,我就把河内的灾民移到河东去,把河东的粮食调到河内来。河东荒年的时候,我也同样设法救灾。可是看看邻国的君王还没有像我这样做的,但是邻国的百姓并没有大量逃跑,我国的百姓也没有明显增加,这是什么道理呢?"

孟子见到国君这样问,正好也想批评一下最近国君不对的行为,就对梁惠王讲了一个战场上的两个士兵的故事。

后来梁惠王终于明白了为什么自己的国家百姓不增加。而且后来"五十步笑百步"这个成语被人们广为流传,也告诉人们看事情要看本质,不要被表面现象所迷惑。

你知道孟子说的是什么道理吗?

(原来孟子说的故事是:战场上,战鼓一响,双方的士兵就刀对刀、枪对枪地打起来。打败的一方丢盔弃甲,赶紧逃命。可是中间有一个人逃了一百步,另一个人逃了五十步。这时候孟子反问梁惠王:"这时候那个逃了五十步的竟嘲笑那个逃了一百步的胆小怕死,您说这样说对不对?"梁惠王说:"当然不对。他只不过没有逃到一百步罢了，两个人同样都是逃跑啊！"孟子继续说："大王既然懂得这个道理，怎么能够希望你的百姓会比邻国的多呢？逃了五十步和逃了一百步，虽然在数量上有区别，但在本质上都是逃跑。您尽管给了百姓一点小恩小惠，但发动战争、欺压黎民等行为和其他国君的残暴行为是一样的。"）

128. "东西" 的来历

宋朝的理学家朱熹，是一个好学多问的人。有一次，正走在巷子里的他，碰巧遇到精通五行的好友盛温和，而且见好友提着一个篮子，于是问："你提着篮子去干什么啊？"当时盛温和幽默地回答："去街门买东西。"

可是在那个年代还没有"东西"这个说法。所以朱熹很不明白地追问："买'东西'？这是什么意思？为何你不去买'南北'？"盛温和并没有直接解答，而是笑着回敬说："真不明白？你这位大学问家真是聪明一世糊涂一时啊，你把五行和五方对照一下就会豁然开朗了。"

于是朱熹独自思忖，一会儿便明白了好友的意思。从此，"东西"就成为物品的代名词直至今天。

你知道盛温和为什么说买"东西"，而不说买"南北"吗？

（原来古时候很流行"五行"的说法，即"金、木、水、火、土"，而那时"东"即"木"，"西"为"金"，"南"属"火"，"北"乃"水"。因为盛温和需要买金木之类的东西，所以需要提着篮子，而"金木"所对应的五行就是"东西"；如果是"南北"的话，对应的五行即为"水火"，篮子是装不了的。因此，盛温和说是买"东西"而不是买"南北"。）

129. 姜太公真的是钓鱼吗

　　古代有一个姓姜名尚的太公，又名吕尚，他是辅佐周文王、周武王灭商的功臣。可是在他还没有得到文王重用的时候，经常隐居在陕西渭水边的一个地方。姜太公居住在那里希望能引起周王姬昌对自己的注意，以此建立功业。

　　姜太公常常在溪边垂钓。一般人钓鱼都是用弯钩，而且上面还要放上有香味的饵食来诱骗鱼儿上钩。可是姜太公的钓钩是直的，上面竟然也不挂鱼饵，而且不沉到水里，离水面三尺高。有一天，一个打柴人来到溪边，见到姜太公用不放鱼饵的直钩在水面上钓鱼，觉得好生奇怪，实在忍不住就对他说："老先生，像您这样钓鱼，100年也钓不到一条鱼的！"姜太公举了举钓竿说："愿意来的鱼儿就上钩吧！不过我的钓钩可不是为了钓鱼！"

　　打柴人听了摸不着头脑，摇摇头走了。

　　你知道姜太公钓的是什么吗？

　　（原来，姜太公钓的是人。也就是后来"姜太公用直钩钓鱼"这件事情传到了周王姬昌那里，姬昌想了想，猛然拍脑袋说：这个钓者必是位贤才，必须亲自去请他才对。于是他吃了三天素，洗了澡，并且换了衣服，带着厚礼，前往溪边聘请姜太公。姜太公见姬昌诚心诚意来聘请自己，便答应为他效力。后来姜太公辅佐文王，兴邦立国，还帮助文王的儿子武王姬发灭掉了商朝，被武王封于齐地，实现了自己建功立业的愿望。）

130. 为什么马脚会露出来

古代民间有一个传说。明太祖朱元璋小的时候家里很贫困，所以在年轻的时候与一位也是平民出身的马姑娘结了婚。后来朱元璋当上了皇帝，并且觉得妻子马氏对他辅佐有功，就将马氏封为明朝的第一位皇后。但是这位马姑娘有一个和别人不一样的地方，那就是长着一双未缠过的大足，这在当时可是很大的一个忌讳。所以深居后宫的马氏经常为脚大而深感不安，也从来不敢在人前将脚伸出裙外。

"皇后马氏有一双大脚"这件事情很快就传遍了京城，可是人们都没有亲眼见过，所以仍然有很多人不相信，觉得那是谣传。可是，正好有个机会让那些好事者亲眼见到了马氏的大脚。

后来整个京城的人都在传皇后"露出马脚"了，自此，露马脚一词就流传开来。不过，现在人们经常用它比喻隐秘的事实真相泄露出来。

你知道人们怎么会看到马氏的大脚的吗？

（原来碰巧，有一天马氏外出游玩，乘坐着大轿晃晃悠悠地来到京城的大街上。这时候，有胆大的就悄悄凑上前去瞧个究竟。而这时正好有一阵大风将轿帘掀起一角，马氏搁在踏板上的两只大脚赫然在目。所以，一传十、十传百，顿时轰动了整个京城。）

131. 司马光的"警枕"

司马光从小读书就很刻苦勤奋，他觉得自己记忆力不行，背课文记生字总是没有别人快，就暗自说："让我下苦功，来增强记忆力吧!"于是他试着把课文多念多背，别人背两遍三遍，而他要背上五遍六遍。

这样一来的话，时间就不够用了，放学后，还得挤出时间来读书。特别是晚上，玩耍一阵后，他便读起书来，这一读就得读到很晚。但是到第二天，他还要早早地起床进行晨读。由于晚上睡得迟，他常常睡过头而耽误了早晨的读书。最开始，司马光让母亲来喊醒自己，但是母亲心疼他，不想让他读书读得这么苦，就故意不叫他起床。

后来，有一天，司马光看见后院一段圆木头，灵机一动，心里想："有办法了!"用这个办法使得司马光再也不会睡过头了。后来经过十九年的努力，司马光主持编撰了二百九十四卷，约三百万字的历史巨著《资治通鉴》。

你知道司马光用的是什么办法吗？

（原来，司马光把圆木头擦干净，放在床上当枕头。只要他枕着圆木头睡，一翻身，圆木头就会滚动，把他惊醒。这样他就不会睡过头了。）

132. 他该如何回答死亡率

有一个国家非常贫穷，无论是医药，还是食物都非常匮乏。贫穷导致这个国家每年都有很多人死去。

有一次，这个国家派出使者去联合国寻求帮助，希望能从联合国那里得到一些医药和食物。当使者把情况说明后，联合国里的很多国家都表示会给这个国家提供一些援助，也有几个富国很不愿意，但由于多数国家都表示要提供援助，他们也不得不表示同意。

在会议休息期间，有一个富国的代表想羞辱一下这位穷国使者，于是故意问这位使者："根据贵国的经济状况来看，贵国的死亡率一定不低吧？"

听到了这个代表的话后，周围很多其他国家的代表都明白他是在讥讽那个国家的经济很落后。代表们都把目光对准了这位使者，想知道他准备如何回答这个问题。

穷国使者也听出了对方的意思，于是他思索了一番后说出了一句话，不但让那个富国代表尴尬万分，而且也营造出一个幽默的氛围。那么，他说了一句什么话呢？

（使者回答说："跟贵国一样，每人死一次。"）

133. 他回答了什么

甲和乙是朋友。有一次，他们俩一起出门办事，事情办完后，他们一起在一家小饭店吃饭。在他们吃饭的桌子上，有一瓶很辣的芥末酱。

甲认为那是甜酱，所以在饭菜上来后，他便舀了一汤匙放到嘴里，结果被辣得泪流满面。但是他却想让他的朋友也上一次当，于是，尽管泪流满面，他却一点也不露声色。

乙看到甲泪流满面，大为惊奇，于是问道："你怎么了？为什么哭啊？"

甲回答道："我想起了我的爸爸，他在十多年前被送上了断头台。"

乙听后便安慰了甲几句。过了一会，乙也用汤匙舀了一汤匙芥末酱放进嘴里。当乙也开始泪流满面的时候，甲故意问道：你怎么也哭起来了？"这时乙回答了一句话，使甲非常尴尬。

乙的回答非常巧妙，你能判断出乙回答了一句什么话吗?

(乙说:"我在想,可惜你和你爸爸没有同时被送上断头台。")

134. 买蛋糕

小华很喜欢吃蛋糕,每天他的父母都会给他两元钱让他去买蛋糕吃。有一次,他去买蛋糕时,蛋糕店老板看他年龄小,于是想捉弄他一下,给了他一块很小的蛋糕。

小华拿到蛋糕后很快就发现了蛋糕与以前的不一样,于是对老板说:"老板,您不觉得这块蛋糕比往常的小了很多吗?"

老板笑眯眯地对他说:"是小了一点,不过小一点,你拿着不是更轻便吗?"

小华若有所思地说道:"哦,我懂了。"

老板听到小华的回答后笑声更大了。

小华从口袋里取出了一元钱,递给老板,说道:"给您钱,一元!"

老板很奇怪地说道:"孩子,你给的钱不够啊,还少一元。"

小华微笑着说出了一句话,那位老板听后,哭笑不得,连声称赞小华聪明,并重新给小华取了两元钱的蛋糕。那么,你知道小华是如何回应老板捉弄的吗?

(小华说:"是少了一元,不过少一些,您数起来不是更方便吗?")

135. 如何租到房子

小刚的爸爸妈妈决定搬家。他们带着小刚一起找房屋，但始终没有找到合适的。最后，在傍晚的时候，他们看到一张房屋出租广告，房屋的各方面条件都非常适合他们。他们根据地址找到了那间房屋后，便敲门打算询问一下房屋是否出租。

房东是一位温和的老年人，他在开门后，先打量了一番这三位客人，然后询问他们有什么事。

小刚的爸爸说："请问房屋还准备出租吗？"

房东指着小刚问道："这是你们的孩子吗？"

小刚的爸爸点头说："是的，他才8岁，不过不会给您添乱的。"

房东摇了摇头，遗憾地说道："实在对不起，我这间房子不打算租给有小孩子的住户。"

小刚的爸爸妈妈听后，一时不知如何是好，只好准备离开。

小刚把这一切都看在眼里，他思考了一下，向房东把租房条件又确认了一下，然后说了一句话。房东听后，便决定把房屋租给他们。

那么，你知道小刚说的到底是一句什么话，使房东同意把房屋租给他们住的吗？

（小刚说："老爷爷，这房子我租了。我没有孩子，我只带来两个大人。"）

136. 怎样宣布自己得奖

奥斯卡金像奖是世界影坛上一个非常重要的奖项。在引人注目的颁奖台上，无论是获奖者，还是颁奖者，都需要有着很强的应变能力和幽默的口才。因此，在每年的颁奖仪式上，人们在目睹台上众明星的迷人风采和高雅举止的同时，也经常可以听到他们风趣的言语，并从中感受其过人的应变能力。

奥斯卡奖的颁奖方法比较特别。一般来说，在颁奖人打开信封宣读获奖者名字前，除审计人员外，任何人都无法知道谁是获奖者。这给颁奖仪式蒙上了一层神秘的色彩，但也不可避免地带来了一些意想不到的事情，需要获奖者用自己的应变能力去化解可能的麻烦。

在一次奥斯卡颁奖仪式上，一位名叫欧文·伯林的人负责颁发最佳作曲奖。然而他在拆开信封后，却惊讶地发现获奖者正是他自己。自己宣布自己得奖，无疑是一件难堪和尴尬的事情，而且容易让人产生反感。他在略微思索了一番后，风趣地说出了一句话，让台下的观众不但没有对其产生反感，反而给其报以热烈的掌声。

那么，你知道他是怎么宣布的吗？

（他宣布："此奖颁给一个好小伙子，我从小就非常熟悉他，他的名字就是欧文·伯林！"）

137. 请太阳公公来家做客

周末，两个小伙伴聚在一起，完成作业后他们开始研究天上的太阳。其中一个小伙伴说："太阳高高在上的，有时候看它还很刺眼的样子。我们能不能想个办法把太阳公公请到家里来呢？这样我们看起来是不是就不刺眼了呢？"

另一个小伙伴说："太阳公公在高高的天上，手触不到，拿根长的棍子也碰不到，如何能把太阳公公请到家里来呢？"

后来，两个小伙伴竟然真的将太阳公公请到家了。他们把望远镜放在面向太阳的窗台上，让阳光正好射入镜头；把平面镜放在望远镜另一端的一个镜头下，使太阳的图像反射到室内的墙壁上。此时太阳公公被请到家里来了，它很清楚地出现在墙壁上了。

你知道他们是运用了哪些原理来实现这些的吗？

（原来他们运用望远镜能把远处的物体放大，让人看清楚的原理。通过平面镜把望远镜放大的图像直接反射到墙壁上，就可以让人直接看到太阳的真实样子。）

138. 北极星有多高

欢欢和乐乐是一对双胞胎，两个小孩不仅外表长得一模一样，而且兴趣爱好也很相似，所以两个人晚上经常在一起讨论感兴趣的话题。这一天，乐乐抬头望见窗外的天空中有一颗很亮的星星，就赶快叫姐姐来看。欢欢姐姐看到乐乐指的是北极星，就说："北极星有什么好看的呀？"乐乐见姐姐没有兴趣，就说："那你知道北极星多高吗？"这一下可把姐姐说愣了！

姐姐说："北极星这样高，用手根本触摸不到，怎么可能知道北极星的高度呢？"但是乐乐脸上很自信，说："我能测量北极星的高度！"

过了几天欢欢姐姐拍手表扬妹妹的方法好，又快又准地测出了北极星的高度！

你知道她们是怎么做到的吗?

（白天乐乐在室外找了一个可以看到北方地平线的地点，然后做一个记号。等到晴朗而没有月亮的晚上，乐乐站在记号的位置上，并在北方的天空中找到北斗七星，顺着北斗七星勺口外缘两颗星连成的假想直线就可以找到北极星。然后用手测量北极星在水平线上的高度，其实这个高度就等于自己所在地区的纬度。比如：假如量出北极星在地平线上有四个拳头高，就表示它在水平线上40度，而自己所在的纬度也就是40度。）

139. 孤独是一笔财富

不是所有的人都拥有孤独，孤独是一笔财富。不是所有的人都能面对孤独而活得酣畅。孤独的到来和失落同样令人不悦。孤独也许可以使一个口若悬河的人从此缄默不语，但不能使一个思维活跃的哲人停止思考和遐想。

当一位老人把孤独的身影留在香榭丽舍大街，留在枫丹白露树林，留在巴黎郊外草丛，几乎所有的人都认为他已没有风采，已完成了他那登峰造极的人生而走向天国的花园，还指望他创造奇迹吗?没有人会去问津这位老人，也无人去探求他那曾倾倒一代人的心底是否还闪着火花，更没有人去留意时代会留给这孤独者是什么东西。

然而，伟大的总归是不朽的。杰出的并不因为被人抛弃、诋毁、诅咒而变得卑劣。卢梭那洋溢着生命热血的心灵赋予了孤独以新的寓意。他面对孤独，浮想联翩，欲罢不能。他在孤独中找到了一个"不幸者在断绝了和人类交往，再也不能做点于他人，于自己有用或有益事情时"的补偿。这补偿便是"有感而发的内心情境"与"四周的客观事物相融合"的创作。孤独提供了他晚年创作的唯一灵感。因为只有在那时他的"心底无拘无束，思潮可以尽情涌流"。他沉浸在"孤独散步中迷人的沉思默想中"。孤独并不等于沉默；没有内心活动，才是生命的真正麻木。"沉默也同样令人惬意"。卢梭在他迟暮的余晖中再一次展开思维的双翅，任泛泛的、愉快的思考掠过清雅的心灵，在静谧的湖面上划出点点涟漪，淡淡地荡开，悠悠地波及心底深处。他再一次凭借丰富的想象力，从野花杂草的根茎花蕾中去领略人生的百味，从圣皮埃尔岛的欢乐中去享受大自然的甜蜜，那又是怎样的一种甜蜜啊，这恐怕在巴黎上流社会的觥筹交错中是绝

对无法获得的。他感谢那些为了积怨排斥他的人们为他提供了这次孤独的旅程。孤独使他获得了另一种生存的勇气。这位老人清醒地意识到要"活得更为恬静"。于是他在悠闲的孤独中忙得不亦乐乎。"排除异念而感到自身的存在，这本身就是一种满足和宁静的珍贵情感。"他使得孤独不再那么可怕和黑暗了，他用孤独之火，照亮了他的余生，又点燃了生命，于是这黄昏暮色中朦胧的生命变得光芒四射起来。卢梭这位智人，充分利用这孤独的时光，寻找到一个人在茕茕孑立、形影相吊中的自身平衡，并留下这本盖世无双的佳作。

孤独的老人走了，这位"自然之子，真理之子"在孤独中走完了他的全部历程。然而他的"遐想"仍在延续他的生命，使后人百读不厌。"我常常想，若是把我因在巴士底狱或一间伸手不见五指的暗室里，我也仍然可以悠悠幻想。"孤独曾使许多杰出的人士奈何它不得，而唯独卢梭不同凡响地为孤独谱下了华彩的乐章。作为一个人，卢梭是真正认识自己，把握自己的智者。

"我喜欢孤独。"于是他拥有了孤独，拥有了财富。

140. 年轻

七十年前，当德裔美国人乌尔曼的这篇只有四百多字的短文首次在美国发表的时候，曾在广大读者中引起轰动效应，成千上万的读者把它抄下来当作座右铭收藏，许多中老年人把它当作为安排后半生的精神支柱。据说美国的麦克阿瑟将军在指挥整个太平洋战争期间，办公桌上始终摆着装有短文《年轻》复印件的镜框，文中的许多词句常被他在谈话或开会作报告时引用。后来此文传到日本，文章的观点成为许多日本人生活哲学的基础，他们甚至将此文装在随身带的皮夹子里，有空就读一遍。著名的松下公司的创始人松下幸之助说："多年来，《年轻》始终是我的座右铭。"下面是这篇短文的原文：年轻，并非人生旅程中一段时光，也并非粉颊红唇和体魄的矫健。它是心灵中的一种状态，是头脑中的一个意识，是理性思维中的创造潜力，是情感活动中的一股勃勃朝气，是人生春色深处的一缕清新。

年轻，意味着甘愿放弃温馨浪漫的爱情去闯荡生活，意味着超越羞涩、怯懦和欲望的胆识与气质。而六十岁的男人可能比二十岁的小伙子更多地拥有这种胆识与气质。没有人仅仅因为时光的流逝而变得衰老，只是随着理想的毁灭，人类才出现老人。岁月可以在皮肤上留下皱纹，却无法为灵魂刻上一丝痕迹。忧虑、恐惧、缺乏自信才使人佝偻于时间的尘埃之中。无论是六十岁还是十六岁，每个人都会被未来所吸引，都会对人生竞争中的欢乐怀着孩子般无穷无尽的渴望。在你我心灵的深处，同样有一个无线电台，只要他不停地从人群中、从无限的时空中接受美好、希望、欢欣、勇气和力量的信息，你我就永远年轻。

一旦这无线电台坍塌，你的心便会被玩世不恭和悲观绝望的寒冰酷雪所覆盖，你便衰老了——即使你只有二十岁；但如果这无线电台始终矗立你的心中，捕捉着每一个乐观向上的电波，你便有希望死于年轻的八十岁。

141. 花儿在开

有一个人想学医，可是又犹豫不决，就去问他的一个朋友："再过 4 年，我就 44 岁了，能行吗？"

朋友对他说："怎么不行呢？你不学医，再过 4 年也是 44 岁啊！"他想了想，瞬间领悟了，第二天就去学校报了名。

我的一个朋友，几年前跟人合伙做生意，运货的船突遇风浪翻了，他所有的财产和梦想也随之坠入了海底。他经不起这个打击，从此变得萎靡不振，神思恍惚。当他看到另一个跟他一起遭遇变故的人居然活得有滋有味时，就去问他。

那人对他说："你咒骂，你伤心，日子一天天地过去；你快活，你欢乐，日子也一天天地过去，你选择哪一种呢？"

人就是这样，当你以一种豁达、乐观向上的心态去构筑未来时，眼前就会呈现一片光明；反之，当你将思维囿于忧伤的樊笼里，未来就变得暗淡无光了。

长此下去，你不仅会将最起码的信念和拼搏的勇气泯灭，还会将身边那些最近最真的欢乐失去。

对每一个人来说，那些如空气一样充塞在身边的欢乐才是最重要的。它组成我们生命之链上最真实可靠的一环，你一节一节地让它松落了，欢笑怎么能向下延续呢？

有一首诗写道："你知道，你爱惜，花儿努力地开；你不知，你厌恶，花儿努力地开。"

是的，花儿总是在努力地开，美好的日子也一天天地在流逝，你该欣喜地度过每一天还是痛苦地挨过每一日，可全在于你自己了。

142. 缺陷

有一个十岁的小男孩，长得身强力壮，虎头虎脑。不幸的是他的左臂在一次车祸中失去了，但这个男孩十分想学柔道。

起初，没人肯收他，后来他的决心终于打动了一位日本柔道大师。于是他开始学习柔道。他学得不错，可是练了三个月，师傅只教了他一招，小男孩有点弄不懂了。

他终于忍不住问师傅："我是不是应该再学学其他招术？"

师傅回答说："不错，你的确只会一招，但你只需要会这一招就够了。"

小男孩并不是很明白，但他很相信师傅，于是就继续照着练了下去。

几个月后，师傅第一次带小男孩去参加比赛。小男孩自己都没有想到居然轻轻松松地赢得了前两轮。第三轮稍稍有点艰难，但对手还是很快就变得有些急躁，连连进攻，小男孩敏捷地施展出自己的那一招，又赢了。就这样，小男孩迷迷瞪瞪地进入了决赛。

决赛的对手比小男孩高大、强壮许多，也似乎更有经验。有一度小男孩显得有点招架不住，裁判担心小男孩会受伤，就叫了暂停，还打算就此终止比赛，然而师傅不答应，坚持说："继续下去！"

比赛重新开始后，对手放松了戒备，小男孩立刻使出他的那一招，制服了对手，由此赢了比赛，得了冠军。

回家的路上，小男孩和师傅一起回顾每场比赛的每一个细节，小男孩鼓起勇气道出了心里的疑问："师傅，我怎么就凭一招就赢得了冠军？"

师傅答道："有两个原因：第一，你几乎完全掌握了柔道中最难的一招；第二，就我所知，对付这一招唯一的办法是对手抓住你的左臂。"

所以，小男孩失去的左臂成了他赢得冠军的力量。

143. 破桶与花朵

一位挑水夫，有两个水桶，分别吊在扁担的两头，其中一个桶子有裂缝，另一个则完好无缺。在每趟长途的挑运之后，完好无缺的桶子，总是能将满满一桶水从溪边送到主人家中，但是有裂缝的桶子到达主人家时，却剩下半桶水。

两年来，挑水夫就这样每天挑一桶半的水到主人家。当然，好桶子对自己能够送满整桶水感到很自豪。破桶子呢？对于自己的缺陷则非常羞愧，他为只能负起责任的一半，感到非常难过。

饱尝了两年失败的苦楚，破桶子终于忍不住，在小溪旁对挑水夫说："我很惭愧，必须向你道歉。""为什么呢？"挑水夫问道："你为什么觉得惭愧？""过去两年，因为水从我这边一路的漏，我只能送半桶水到你主人家，我的缺陷，使你作了全部的工作，却只收到一半的成果。"破桶子说。挑水夫替破桶子感到难过，他蛮有爱心地说："我们回到主人家的路上，我要你留意路旁盛开的花朵。"

果真，他们走在山坡上，破桶子眼前一亮，看到缤纷的花朵，开满路的一旁，沐浴在温暖的阳光之下，这景象使他开心了很多！但是，走到小路的尽头，它又难受了，因为一半的水又在路上漏掉了！破桶子再次向挑水夫道歉。挑水夫温和地说："你有没有注意到小路两旁，只有你的那一边有花，好桶子的那一边却没有开花呢？我明白你有缺陷，因此我善加利用，在你那边的路旁撒了花种，每回我从溪边来，你就替我一路浇了花！两年来，这些美丽的花朵装饰了主人的餐桌。如果你不是这个样子，主人的桌上也没有这么好看的花朵了！"

144. 悬崖上的一朵花

一次朋友聚会，大家一起聊了许多，一位朋友讲述了她的一个故事：我的老公是学理科的，当初我喜欢他，是因为他的稳重，依靠在他的肩上有暖暖的踏实，三年的恋爱，两年的婚姻，而我已倦了。

当初的喜欢，是现在倦他的根源，我是个感性的小女人，敏感细腻，渴望浪漫，如孩提时代渴望美丽的糖果。而他，却天性不善于制造浪漫，木讷到让我感受不到爱的气息。

某天，终于鼓起勇气说："我们分手吧。"他问："为什么？"我说："倦了，就不需要理由了。"

一个晚上，他只抽烟不说话。

我的心越来越凉，连挽留都不会表达的男人，他能给我什么样的快乐？

他说："怎么做你才可以改变？"

人说本性难改，我想我已经不对他抱什么希望了。

望着他的眼睛，我慢慢地说："回答一个问题，如果你能答到我心里就可以，比如我非常喜欢悬崖上的一朵花，而你去摘的结果是百分之百的死亡，你会不会摘给我？"

他说："明天早晨告诉你答案好吗？"我的心灰下去。

早晨醒来，他已经不在，只有一张写满字的纸压在温热的牛奶杯子下。

第一行，就让我凉透了。

"亲爱的，我不会去摘，但请容许我陈述不去摘的理由：你只会用计算机打字，却总把程序弄得一塌糊涂，然后对着键盘哭，我要留着手指给你整理程序；你出门总是忘记带钥匙，我要留着双脚跑回来给你开门；酷爱旅游的你在自己的城市里都常常迷路，我要留着眼睛给你带路；每月好朋友光临时，你总是全身冰凉，还肚子疼，我要留着掌心温暖你的小腹；你不爱出门，我担心你会患上自闭症，留着嘴巴驱赶你的寂寞；你总是盯着计算机，眼睛给糟蹋得不太好了，我要好好活着，等你老了，给你修剪指甲，帮你拔掉让你懊恼的白发，拉着你的手，在海边享受美好的阳光和柔软的沙滩，告诉你一朵花的颜色，像你青春的脸，所以，在我不能确定有人比我更爱你，所以我不想去摘那朵花。"

我的泪滴在纸上，形成晶莹的花朵，抹净泪，继续往下看："亲爱的，如果你已经看完了，答案还让你满意，请你开门吧，我正站在门外，手里提着你喜欢吃的鲜奶面包……"

开门，我看见他的脸，紧张得像个孩子，只是把捏着面包的手在我眼前晃晃。

是的，是的，我确定，没人比他更爱我，所以我不想要那朵花。

145. 幸福的诠释

有一个人，他生前善良而且热心助人，所以在他死后，升上天堂，做了天使。

他当了天使后，仍时常到凡间帮助人，希望能感受到幸福的味道。

有一天，他遇见一个农夫，农夫的样子非常烦恼，他向天使诉说："我家的水牛刚死了，没牛帮忙犁田，那我怎能下田工作呢？"

于是天使赐给他一只健壮的水牛，农夫很高兴，天使在他身上感受到幸福的味道。

又有一天，他遇见一个男人，男人非常沮丧，他向天使诉说："我的钱都被骗光了，没有盘缠回乡。"

于是天使送给他银两做路费，男人很高兴，天使在他身上感受到幸福的味道。

又一日，他遇见一个诗人，诗人年青、英俊、有才华而且富有，妻子貌美又温柔，但他却过得不快乐。

天使问他："你不快乐吗？我能帮你吗？"

诗人对天使说："我什么都有，只欠一样东西，你能够给我吗？"

天使回答说："可以。你要什么我都可以给你。"

诗人直直地望着天使："我想要的是幸福。"

这下子把天使难倒了，天使想了想，说："我明白了。"

然后把诗人所拥有的都拿走，天使拿走诗人的才华，毁去他的容貌，夺去他的财产和他妻子的性命，天使做完这些事后，便离去了。

一个月后，天使再回到诗人的身边，他那时饿得半死，衣衫褴褛地在躺在地上挣扎。于是，天使把他的一切还给他，然后，又离去了。

半个月后，天使再去看看诗人。这次，诗人搂着妻子，不住向天使道谢，因为，他得到幸福了。

146. 现在的幸福

从前，有一座圆音寺，每天都有许多人上香拜佛，香火很旺。在圆音寺庙前的横梁上有个蜘蛛结了张网，由于每天都受到香火和虔诚的祭拜的熏陶，蜘蛛便有了佛性。经过了一千多年的修炼，蜘蛛佛性增加了不少。

忽然有一天，佛祖光临了圆音寺，看见这里香火甚旺，十分高兴。离开寺庙的时候，不轻易间地抬头，看见了横梁上的蜘蛛。佛祖停下来，问这只蜘蛛："你我相见总算是有缘，我来问你个问题，看你修炼了这一千多年来，有什么真知灼见。怎么样？"

蜘蛛遇见佛祖很是高兴，连忙答应了。佛祖问到："世间什么才是最珍贵的？"

蜘蛛想了想，回答到："世间最珍贵的还是'得不到'和'已失去'。"

你继续炼吧，一千年后再来回答我的问题。

就这样又过了一千年的光景，蜘蛛依旧在圆音寺的横梁上修炼，它的佛性大增。一日，佛祖又来到寺前，对蜘蛛说道："你可还好，一千年前的那个问题，你可有什么更深的认识吗？"

蜘蛛说："我觉得世间最珍贵的是'得不到'和'已失去'。"

佛祖说："你再好好想想，我会再来找你的。"

又过了一千年，有一天，刮起了大风，风将一滴甘露吹到了蜘蛛网上。蜘蛛望着甘露，见它晶莹透亮，很漂亮，顿生喜爱之意。蜘蛛每天看着甘露很开心，它觉得这是三千年来最开心的几天。突然，又刮起了一阵大风，将甘露吹走了。蜘蛛一下子觉得失去了什么，感到很寂寞和难过。

这时佛祖又来了，问蜘蛛："这一千年，你可好好想过这个问题：世间什么才是最珍贵的？"

蜘蛛想到了甘露，对佛祖说："世间最珍贵的是'得不到'和'已失去'。"

佛祖说："好，既然你有这样的认识，我让你到人间走一朝吧。"

就这样，蜘蛛投胎到了一个官宦家庭，成了一个富家小姐，父母为她取了个名字叫蛛儿。一晃，蛛儿到了十六岁了，已经成了个婀娜多姿的少女，长的十分漂亮，楚楚动人。

这一日，皇上在后花园为新科壮元郎甘鹿举行庆功宴。来了许多妙龄少女，包括蛛儿，还有皇帝的小女儿长风公主。状元郎在席间表演诗词歌赋，大献才艺，在场的少女无一不被他折倒。但蛛儿一点也不紧张和吃醋，因为她知道，这是佛祖赐予她的姻缘。

过了些日子，说来很巧，蛛儿陪同母亲上香拜佛的时候，正好甘鹿也陪同母亲而来。上完香拜过佛，二位长者在一边说上了话。蛛儿和甘鹿便来到走廊上聊天，蛛儿很开心，终于可以和喜欢的人在一起了，但是甘鹿并没有表现出对她的喜爱。

蛛儿对甘鹿说："你难道不曾记得十六年前，圆音寺的蜘蛛网上的事情了吗？"

甘鹿很诧异，说："蛛儿姑娘，你漂亮，也很讨人喜欢，但你想象力未免丰富了一点吧。"说罢，和母亲离开了。

蛛儿回到家，心想，佛祖既然安排了这场姻缘，为何不让他记得那件事，甘鹿为何对我没有一点的感觉？

几天后，皇帝下召，命新科状元甘鹿和长风公主完婚；蛛儿和太子芝草完婚。这一消息对蛛儿如同晴空霹雳，她怎么也想不到，佛祖竟然这样对她。几日来，她不吃不喝，穷究急思，灵魂就将出壳，生命危在旦夕。

太子芝草知道了，急忙赶来，扑倒在床边，对奄奄一息的蛛儿说道："那日，在后花园众姑娘中，我对你一见钟情，我苦求父皇，他才答应。如果你死了，那么我也就不活了。"说着就拿起了宝剑准备自刎。

就在这时，佛祖来了，他对快要出壳的蛛儿灵魂说："蜘蛛，你可曾想过，甘露（甘鹿）是由谁带到你这里来的呢？是风（长风公主）带来的，最后也是风将它带走的。甘鹿是属于长风公主的，他对你不过是生命中的一段插曲。而太子芝草是当年圆音寺门前的一棵小草,他看了你三千年,爱慕了你三千年,但你却从没有低下头看过它。蜘蛛,我再来问你,世间什么才是最珍贵的?"

蜘蛛听了这些真相之后,好像一下子大彻大悟了,她对佛祖说:"世间最珍贵的不是'得不到'和'已失去',而是现在能把握的幸福。"

刚说完,佛祖就离开了,蛛儿的灵魂也回位了,睁开眼睛,看到正要自刎的太子芝草,她马上打落宝剑,和太子深情地拥抱着……

147. 财主的苦恼

一个村庄里,住着一个名叫阿拉的财主。他家土地很多,父辈也留下了很多财产。可是人们都叫他吝啬鬼,因为他遇到要紧的事,哪怕叫他花一个小钱,他也十分不高兴。他日思夜想的是:怎样才能发大财,好让他曾孙的曾孙也能舒舒服服地享受。

一天,村上来了一位修道的圣人。没过几天,附近的村子都传开了:这位圣人能够满足每个人的任何愿望。财主一听说这消息,心里乐开了花。他认为他一生中最大的愿望很快就要实现了。他立即来到圣人面前,把自己的愿望告诉圣人。圣人慈祥地让他在自己身边坐下,问了问他家中的情况。圣人听他讲完,心中就明白了。他觉得应该对这个财主进行教育,这样才会使他真正明白做人的意义。圣人微笑着说:"阿拉先生,你的愿望一定能实现,不过有一个条件。"

财主先是吓了一跳,马上想到:这位圣人莫非是想叫我施舍财物?他于是壮了壮胆说:"什么条件?请说吧,先生,我一定照办。"

圣人见财主这么说,就对他讲:"你家旁边住着一户穷人家,家中只有母女两人。明天你给她们送一点粮食去。"

不就几颗粮食嘛，这对财主阿拉来说，不算一件什么难事。他欢天喜地地回家去了。

第二天一早，他沐浴更衣，然后拿着粮食来到那户穷人的家里。穷母女俩正忙着干自己的活，谁也没有注意他进来。阿拉说："请收下这点儿粮食吧，这样你们今天就有吃的了。"

母亲说："兄弟，今天我们有粮食吃，我们不要，请你拿回去吧。"

"哎，过了今天还有明天哩，留着明天吃吧。"

"明天的事我们不担心。兄弟，天无绝人之路，老天爷不会让我们饿死的！"说完又埋头忙自己的活了。

听了这位母亲的话，阿拉先是十分惊愕，接着他似乎从中明白了一点什么道理。他想：这户穷苦人家是多么快乐，她们不为明天而担忧。可是我呢，整天为自己曾孙的曾孙忧虑！

阿拉没有回家，他从穷人家直接来到圣人住的地方。他向圣人行了礼，说："感谢您，大圣人！是您给了我幸福的钥匙。说真的，不知足的人在这世界上是永远不会找到幸福的。"

148. 智者与年轻人

一个修行多年的智者，在路上遇见一个疲惫不堪，没有神采的年轻人。这个年轻人唉声叹气，满脸愁云惨雾。"年轻人，你为什么这样的郁郁不乐呢？"智者关心地问。年轻人看了一眼智者，叹了口气："我是一个名副其实的穷光蛋。我没有房子，没有老婆，更没有孩子，我也没有工作，没有收入，整天饥一顿饱一顿地度日。智者，像我这样一无所有的人，怎么能高兴得起来呢？""傻孩子"智者笑道，"其实你不该如此的灰心丧气，你还是很富有的！""为什么？"

年轻人不解地问。"因为，你其实是一个百万富翁呢。"智者有点诡秘地说。"百万富翁？智者，您别拿我这穷光蛋寻开心了。"年轻人不高兴了，转身就走。"我怎么会拿你寻开心呢？现在，你回答我几个问题。"

"什么问题？"年轻人有点儿好奇。

"假如，我用 20 万元买走你的健康，你愿意吗？"

"不愿意。"年轻人摇摇头。

"假如，现在我再出 20 万元，买走你的青春，让你从此变成一个小老头儿，你愿意吗？"

"当然不愿意！"年轻人干脆地回答。

"假如，我再出 20 万元，买走你的面貌，让你从此变成一个丑八怪，你可愿意吗？"

"不愿意！当然不愿意！"年轻人的头摇得像个拨浪鼓。

"假如，我再出 20 万元，买走你的智慧，让你从此浑浑噩噩，度此一生，你可愿意？"

"傻瓜才愿意！"年轻人一扭头，就想走开。

"别急，请回答我的最后一个问题，假如我再出 20 万，让你去杀人放火，让你失去良知，你愿意吗？"

"天哪！干这种缺德事，魔鬼才愿意！"年轻人愤愤道。

"好了，刚才我已经开价 100 万元了，仍然买不走你身上的任何东西，你说，你不是百万富翁，又是什么？"智者微笑着问。

年轻人恍然大悟，他笑着谢过智者的指点。从此，他振奋精神，微笑着寻找自己的新生活去了。

149. 谁最痛苦

古印度有个故事，说佛陀为了消除人间的疾苦，就从人间挑选

172

了 100 位自认为最痛苦的人，让他们把各自的痛苦写在纸上。

写完后，佛陀说："现在，把你们手里的纸条相互交换一下。"

这 100 个人交换过手里的纸条后，个个十分惊奇，都争着从别人那里抢回自己写的。

这其中有两层含义：一是说每个人都有自己的痛苦，因为看问题的角度、人生观等等的不同，所以每个人的痛苦都不一样；再一点就是，别人的痛苦比你更多更大，相比之下，你的那点痛苦就显得很渺小了。

150. 绊脚石与垫脚石

一个走夜路的人碰到一块石头上，他重重地跌倒了。他爬起来，揉着疼痛的膝盖继续向前走。

他走进了一个死胡同。前面是墙，左面是墙，右面也是墙。

前面的墙刚好比他高一头，他费了很大力气也攀不上去。

忽然，他灵机一动，想起了刚才绊倒自己的那块石头，为什么不把它搬过来垫在脚底下呢？想到就做，他折了回去，费了很大力气，才把那块石头搬了过来，放在墙下。

踩着那块石头，他轻松地爬到了墙上，轻轻一跳，他就越过了那堵墙。

151. 重要的日子

威尔斯本来不打算近几天给妻子科拉买任何礼物，但当他看见红色玻璃水果盘时，不由得心头一动，那几乎是他见过的最漂亮的水果盘。他心想无缘无故地给她买件礼物肯定会让她大吃一惊，她

173

太喜欢这一类东西了，不过他自己对这些东西可一窍不通。

"让我看一下这个吧。"威尔斯对售货员说。

"好的，先生，您要不要和水果盘配套的水果碟？"

他突然想起带的钱不够，连忙抱歉地说："今天不买了，谢谢，以后再买吧。"几分钟后，他踏上了回家的路。

他们住在一间面积不太大的房子里。尽管这间房子相当古老，可位置很佳，这儿离威尔斯工作的办公室不远。在屋前拐弯处，有一个车站，过两条横马路就是大商场，科拉在那儿几乎能买到她需要的所有东西。邻居都非常友好，他们经常在一起度过一些美好的时光。总之，他俩在这儿生活得非常幸福。第二天早上，当威尔斯离家上班时，发现科拉似乎心事重重。她是一个温柔、多情的女人。每天，她都要吻别他，说声"再见"，然后，有点不舍地目送他去上班。可今天她很少说话，只提醒他一定给弗兰克大伯送去生日卡片。

威尔斯问她是不是不舒服。"不。"她答道。

但威尔斯明显感觉到肯定有什么事情搅乱着她的心。那么是什么事呢？

"晚上回来不要迷路。"她说。

"她说这句话是什么意思？"威尔斯问自己，"算了，人一年四季不可能天天高兴。"

威尔斯倚坐窗前，眺望车外，心里还想着科拉那奇怪的举动："是不是我说的什么话惹她生气了？不可能，因为如果她不喜欢我说的话，会给我指出来的。不咎既往，一切会好起来的……"

一到办公室，威尔斯就埋头工作，把科拉忘得一干二净，当他下班路过前一天去过的商店时，蓦地，想起那个水果盘，它肯定能让她忘掉心中的烦闷。他非常爱她，不想让这个世界上的任何事情伤害她的心。就他来说，使妻子高兴是他的首要责任。

这车为什么开得这么慢？威尔斯抱怨起来。他小心翼翼地打开裹着水果盘的纸包，放在膝盖上独自欣赏起来。他好像看见妻子双手捧着水果盘，像小孩似的，高兴地跳了起来。一位年轻的妇女羡慕地对水果盘看了一眼，然后看了看威尔斯，最后又以责备的目光看着自己的丈夫。威尔斯心想：对呵，让你丈夫也给你买个吧！

下车后，威尔斯兴奋地向家里奔去。当科拉打开门，接过纸包，高兴得几乎晕过去。他看她身着盛装，有点异常，良久，才懵懂地说："你真漂亮！"科拉激动得说不出话来，好半天，才喃喃地说："我还以为你忘了。"

"忘了？"

"看来，你比我记得更清楚，你真沉着，早上走时对今天的日子不露声色，我不由地伤心起来。现在，我才明白你故意这样，真会捉弄人。"趁着她打开纸包这个间隙，威尔斯用手捶着头想，这天究竟是什么日子？

"噢，真好看，这是我见过的最漂亮的水果盘，哪位妻子在结婚周年能收到比这更好的礼物？"她欣喜若狂地吻着他。

他心有余悸地接受着她的亲吻，不免恨起自己：今天是我们结婚五周年，我怎么这么大意？

152. 摔跤的故事

这是发生在英国一个普通家庭里父亲和儿子的故事：儿子叫约翰。在他 3 岁的时候，有一天和姐姐在客厅里捉迷藏。他们玩得正高兴时，父亲抱住小约翰，把他放在沙发椅上面，还在下面伸出双手做出接他的姿势，叫他往下跳。小约翰为父亲能参加他们的游戏而高兴。他兴奋地望着父亲笑，并迅速地毫不犹豫地往下跳，在跳下来即将抓住父亲的瞬间，父亲缩回了双手，约翰摔在了地板上，号啕大哭,他向坐在沙发上的妈妈叫唤。可是,他妈妈却若无其事地坐着,并不去扶他,只是微笑着说:"呵,好坏的爸爸!"父亲站在一边,以嘲弄的眼光望着可怜的上当受骗的小约翰。

153. 女儿的生日

雷蒙总是忙,抽不出时间陪陪家人。女儿洁尔迎来了她7岁的生日。她好几个星期前就念叨着她的首次"成长"派对了。雷蒙的妻子塔米告诉他,这个派对他必须参加。但那天他在旧金山有一单不能错过的生意。他查到,会面之后有班飞机能够在女儿生日派对前及时赶回西雅图,就订了票。

到了那天,会面顺利地结束了。即将做成一笔大生意,他兴奋不已。他赶到机场,飞机晚点了,而他必须赶回家。他试着订另一班飞机,但是没门儿,他赶不回去了。他坐在候机室,用手机拨通了办公室电话,对他的搭档弗兰克说:"会面很成功,但是我被困在飞机场,错过了洁尔的生日。"一阵失落的感觉袭击了他,他非常难过。

他回到家时,餐桌上的一束气球向他摇摆,他不胜悲哀。气球上贴着一张卡片,上面写着:"对不起,我迟到了——爱你的爸爸。"他想,这肯定是弗兰克的主意。这时妻子塔米从后院走进来,疲惫却面带微笑的洁尔跟在后面,尖叫道,"爸爸!"

"生日快乐!"他说着走到女儿面前,给了她一个热烈的拥抱和一个吻。他不好意思地对妻子说:"至少这些气球没有迟到。"

妻子说:"雷蒙,你知道,这张生日卡片很有趣——真的,一点也不像你的作风。"

"嗯,实际上……不是我送来的。肯定是弗兰克的主意,他知道

176

我会迟到的。"

他害怕这时他的妻子会开始骂他，但没有，只见她握着卡片，说："雷蒙，你不明白这意味着什么吗?"

他看着卡片上的笔迹——这些话是送给妻子、女儿这样的亲人的，却是由一个根本不认识她们的人写下的……他感到很惭愧。

一天早晨，他把公司的每个人都叫到了会议室。他宣布："从今天开始，公司将有一些改变。新的工作时间将从星期一到星期四，每天早晨 9 点到下午 5 点——最迟到 6 点。休息日时我不接任何有关工作的电话。过去我花了太多的时间守着你们工作；现在，我要让你们独立做自己的工作。"他看得出来，大家费了很大的劲，才忍住要欢呼的冲动。他想他的妻子和女儿也会高兴和欢呼起来。

154. 奥运冠军的成长

阿兰·米穆是一位历经辛酸从社会最底层拼搏出来的法国当代著名长跑运动员、法国一万米长跑纪录创造者、第十四届伦敦奥运会一万米赛亚军、第十五届赫尔辛基奥运会五千米亚军、第十六届墨尔本奥运会马拉松赛冠军，后来在法国国家体育学院执教。

米穆出生在一个相当寒酸的家庭。从孩提时代起，他就非常喜欢运动。可是，家里很穷，他甚至连饭都吃不饱。这对任何一个喜欢运动的人来讲都是颇为难堪的。例如，踢足球，米穆就是光着脚踢的。他没有鞋子。他母亲好不容易替他买了双草底帆布鞋，为的是让他去学校念书穿的。如果米穆的父亲看见他穿着这双鞋子踢足球，就会狠狠地揍他一顿，因为父亲不想让他把鞋子穿破。

11 岁半时，米穆已经有了小学毕业文凭，而且评语很好。他母亲对他说："你终于有文凭了，这太好了!"可怜的妈妈去为他申请助学金。但是，遭到了拒绝！这是多么不公正啊！他们不给米穆助学金，却把助学金给了比他富有得多的殖民者的孩子们。鉴于这种不公道，米穆心里想："我是不属于这个国家的，我要走。"可去哪里呢？米穆知道，自己的祖国就是法国。他热爱法国，他想了解它。但怎么去了解呢？因为他太穷了。

没有钱念书，于是米穆就当了咖啡馆里跑堂的了。他每天要一直工作到深夜，但还是坚持锻炼长跑。为了能进行锻炼，每天早上五点钟就得起来，累得他脚跟都发炎脓肿了。总之，为了有碗饭吃，米穆是没有多少功夫去训练的。但是，他还是咬紧牙关报名参加了法国田径冠军赛。米穆仅仅进行了一个半月的训练。他先是参加了一万米冠军赛，可是只得了第三名。第二天，他决定再参加五千米比赛。幸运的是，他得了第二名。就这样，米穆被选中并被带进了伦敦奥林匹克运动会。

对米穆来说，这简直是不可思议的事情！他在当时甚至还不知道什么是奥林匹克运动会，也从来想象不到奥运会是如此宏伟壮观。全世界好像都凝缩在那里了。不过，在这个时刻，最重要的是，他知道自己是代表法国。他为此感到高兴。

但是，有些事情让米穆感到不快。那就是，他并没有被人认为一名法国选手，没有一个人看得起他。比赛前几小时，米穆想请人替自己按摩一下。于是他便很不好意思地去敲了敲法国队按摩医生的房门。

得到允许以后，他就进去了，按摩医生转身对他说："有什么事吗，我的小伙计？"

米穆说："先生，我要跑一万米，您是否可以助我一臂之力？"

医生一边继续为一个躺在床上的运动员按摩，一边对他说："请原谅，我的小伙计，我是派来为冠军们服务的。"

米穆知道，医生拒绝替自己按摩。无非就是因为自己不过是咖啡馆里一名小跑堂罢了。

那天下午，米穆参加了对他来讲是有历史意义的一万米决赛。他当时仅仅希望能取得一个好名次，因为伦敦那天的天气异常干热，很像暴风雨的前夕。比赛开始了。米穆并不模仿任何人。同伴们一个接一个地落在他的后面，他成了第四名，随后是第三名。很快，他发现，只有捷克著名的长跑运动员扎托倍克一个人跑在他前面，进行冲刺，米穆终于得了第二名。

米穆就是这样为法国和为自己争夺到了第一枚世界银牌的。然而最使米穆感到难受的，还是当时法国的体育报刊新闻记者。他们在第二天早上便在边打听边嚷嚷："那个跑了第二名的家伙是谁呀？啊，准是一个北非人。天气热，他就是因为天热而得到第二名的！"瞧瞧，多令人心酸！

米穆感到欣慰的是，在伦敦奥运会四年以后，他又被选中代表法国去赫尔辛基参加第十五届奥运会了。在那里，他打破了一万米法国纪录，并在被称之为"本世纪五千米决赛"的比赛中，再一次为法国赢得了一枚银牌。

随后，在墨尔本奥运会上，米穆参加了跑马拉松比赛。终于成了奥运会冠军！

他不用再去咖啡馆当跑堂了。可是，米穆却说："我喜欢咖啡，喜欢那种香醇，也喜欢那种苦涩……"

155. 上帝只给他一只老鼠

这是一位孤独的年轻画家，除了理想，他一无所有。

为了理想，他毅然出门远行，来到堪萨斯城谋生。起初他到一家报社应聘，想替他们工作。编辑部周围有一个较好的艺术氛围，这也正是他所需要的。但主编阅读了他的作品后大摇其头，认为作品缺乏新意不予录用。这使他感到万分失望和颓丧。和所有出门打天下的年轻人一样，他初尝了失败的滋味。

后来，他终于找到了一份工作，替教堂作画。可是报酬极低，他无力租用画室，只好借用一家废弃的车库作为临时的办公室。他每天就在这充满汽油味的车库里辛勤地工作到深夜。没有比现在更艰苦的了，他想。

尤其烦人的是，每次熄灯睡觉时，就能听到老鼠吱吱的叫声和在地板上的跳跃声。为了明天有充足的精力去工作，他忍耐了。也许是太累了，他一沾着地板就能呼呼大睡。就这样一只老鼠和一名贫困的画家和平共处，倒也使这个荒弃的车库充满生机。

有一天，当疲倦的画家抬起头，他看见昏黄的灯光下一对亮晶晶的小眼睛。是一只小老鼠。如果是在几年前，他会设计出种种计谋去捕杀这只老鼠，但是现在他不，一只死老鼠难道比活老鼠更有趣吗？磨难已经使他具备大艺术家所具有的悲天悯人的情怀。他微笑着注视这只可爱的小精灵，可是它却像影子一样溜了。窗外风声呼啸，他倾听着天籁的声响，感到自己并不孤单，好歹有一只老鼠与他为邻，它还会来的，像羞怯的小姑娘。

那只小老鼠果然一次次出现，不只是在夜里。他从来没有伤害过它，甚至连吓唬都没有。它在地板上做着多种运动，表演精彩的杂技。而他作为唯一的一观众，则奖它一点点面包屑。渐渐地，他们互相信任，彼此间建立了友谊。老鼠先是离他较远，见他没有伤害它的意思，便一点点靠近。最后，老鼠竟敢大胆地爬上他工作的画板，并在上面有节奏地跳跃。而他呢，决不会去赶走它，而是默默地享受与它亲近的情意。

信赖，往往创造出美好的境界。

不久，年轻的画家离开堪萨斯城，被介绍到好莱坞去制作一部以动物为主的卡通片。这是他好不容易得到的一次机会，他似乎看到理想的大门开了一道缝。但不幸得很，他再次失败了，不但因此穷得毫无分文，并且再度失业。

多少个不眠之夜他在黑暗里苦苦思索，他怀疑自己的天赋，怀疑自己真的一文不值，他在思索着自己的出路。终于在某天夜里，就在他潦倒不堪的当儿，他突然想起了堪萨斯城车库里那只爬到他画板上跳跃的老鼠，灵感就在那个暗夜里闪了一道耀眼的光芒。他迅速爬起来，拉亮灯，支起画架，立刻画出了一只老鼠的轮廓。

有史以来，最伟大的运动卡通形象——米老鼠就这样平凡地诞生了。灵感只青睐那些思考的头脑。

这位年轻的画家就是后来的美国最负盛名的人物之———才华横溢的华德·狄斯耐，名噪全球。

堪萨斯那间充满汽油味的车库，华德·狄斯耐先生后来说，至少要值 100 万美金。其实那里没有什么，只有一只老鼠，那是上帝给他的，上帝给谁都不会太多。

156. 黄鼠狼与铁匠

森林中有一只黄鼠狼，争强好胜，倔强固执又野蛮残酷。有一天，黄鼠狼发现了一只老鼠正溜向洞中，就拼命追赶，老鼠一见黄鼠狼追来了，吓得赶紧就跑，跑着跑着，老鼠看见路边一块大石头下边有一条小缝，就马上钻了进去。黄鼠狼眼看就要追上这只老鼠了，于是不顾一切，一口咬了下去，但老鼠刚好钻进了地缝，黄鼠狼这一口咬在了石头上，只听"嘣"地一声，黄鼠狼的牙齿被硌掉了，痛得蹦了起来。

黄鼠狼气急败坏，发誓一定要抓住这只老鼠，于是，黄鼠狼就隐藏在附近。一直等到天黑，老鼠哆哆嗦嗦地从地缝中爬出来，紧张地环顾四周，没有发现什么危险，才向自己家中跑去，黄鼠狼蹑手蹑脚地跟在后面，寻找到机会，猛一扑，一下子就把老鼠按在自己的爪子下面。

黄鼠狼抓到了老鼠，心中好不高兴，它想：我要一点一点地把你吃掉，让你慢慢地死掉，以报我牙齿被硌掉之仇。可是，黄鼠狼的牙齿没有了，怎么才能吃下这只老鼠呢？当黄鼠狼意识到这点时，自己感到很为难，但是想到这只老鼠给自己造成的巨大损失，黄鼠狼就说："别看我没有了牙，我就是用舌头舔也要把你舔死。"

于是，黄鼠狼就用舌头一点一点地舔，先舔掉了老鼠的毛，露出了红色的皮，接着又舔掉了它的皮，露出了白色的骨头，直到把这只老鼠舔得一点不剩。

森林里的动物们听说了这件事，都被黄鼠狼的狠毒所吓倒。自此之后，谁都对它敬而远之，见到它就好话连篇。黄鼠狼的心里就别提有多得意了，它说："别看我没有牙，但是我的舌头好使，谁要是敢和我做对，我就舔死它。"

有一天，黄鼠狼对自己仅仅在森林里有点地位感到不太满足，就大摇大摆地向山下的村庄走去。刚来到一个小村庄的村门，只见有一个铁匠铺正袅袅地冒着烟。黄鼠狼径直走进铁匠铺，看见有一位铁匠正在打铁，根本没有在意这只黄鼠狼。黄鼠狼很生气地说："喂，那位铁匠，见了我怎么也不打招呼，太不像话了，你应该知道我的本事了吧！"

那铁匠奇怪地回头看了一眼黄鼠狼，说："你这只黄鼠狼有什么资格让我跟你打招呼，该干什么干什么去，不要影响我工作，哈哈，你还没有门牙呀！"

黄鼠狼异常气愤，说："我是森林之王，别看我没牙，我舌头的舔功可是天下第一，你要是对我无礼，我就舔死你。"

铁匠感到很好笑，就指着墙角说："我那里有一把新打的锉刀，你要是能把它舔掉，我就尊你为王。"

黄鼠狼说："一把小锉刀有什么了不起，看我把它舔掉。"说着就走过去舔起了锉刀，舔了几下，就把舌头舔破了，流了好多血。黄鼠狼反而高兴起来，以为舔下了铁，就接着使劲舔了起来，结果最后把舌头舔掉了。

157. 学习的奥秘

有一只燕子，她总是把窝搭在房顶下面。一只小麻雀是她的邻居，窝就在屋檐下面。可是，这哪是搭窝的地方啊！不过是排水管和房檐之间的一个小小的空隙罢了，小麻雀只不过在里边添了几支鸡毛，就每晚睡在那。

燕子每年都孵育小燕子，教他们飞行，唱歌。一家人快乐无比，很让人羡慕。麻雀却不一样，她每年也生不少蛋，可是一次都没有把小鸟孵育长大：不是淘气的孩子们掏走了她窝里的蛋，就是小鸟被猫吃掉了。

"你真幸福！"麻雀说，"你每年都能孵出小燕子，而我的孩子却总是保不住！"

"都怪你自己不好，"燕子说，"要是你的窝也有我这样的结实，小孩和猫就没有办法了。"

"那就请你教我搭窝吧！"麻雀说，"你一定知道什么秘密，或者有什么诀窍呢！"

"搭窝要动动脑筋才行，"燕子说，"不过，其实也没有什么诀窍。来吧，让我们一起，我一定教会你。"

燕子和麻雀一起飞到了一个湖边。

"喂，我的朋友，你用嘴巴衔一点泥，就学我的样子。"燕子边说边努力衔了一大块泥。

"唧唧唧!"麻雀回答说，"依我看，不就是弄点泥巴嘛，什么诀窍也没有!"

燕子没有说什么，她衔着一块泥飞回家，把它糊到墙上。"你也这样做吧!"她又劝麻雀。

"我看见了，看见了!"麻雀很不耐烦地说，"这是再简单也没有了。我还以为你做的那个窝有什么秘密或诀窍呢。这样糊泥谁不会呀？不! 这样的小事我不干! 衔泥巴又脏又累。"

燕子一次又一次地飞到湖边，每次都衔回一块泥。泥衔够了以后，她又去衔稻草。材料备齐了，她就开始筑窝了。她一层泥，一层草，又一层泥，又一层草……把窝搭得严严实实。

"窝只有这样搭才行。"她教麻雀说，"先糊上一层泥，再加上一层草，再糊上一层泥，再糊上一层草……这样，一个结结实实、舒舒服服的窝就搭好了。"

"我知道，我知道! 这里一点高明之处也没有!"麻雀以轻蔑的口吻唧唧喳喳地说。

燕子回答说：

"你知道是知道，可是光知道还搭不成窝，需要付出劳动才行。你如果不像我那样勤奋地劳动，你的小麻雀永远也不会长大成人!"

158. 维持原貌

有一个皇帝想整修京城里的一座寺庙，派人去找技艺高超的设计师，希望能够将寺庙整修得美丽而庄严。

后来有两组人员被找来了，其中一组是京城里很有名的工匠，另外一组是几个和尚。由于皇帝没有办法判断到底哪一组人员的手艺比较好，于是他决定给他们一个机会做出比较。皇帝要求这两组人员各自去整修一个小寺庙，而这两座寺庙互相面对面，三天之后，皇帝要来观看效果。

工匠组向皇帝要了 100 多种颜色的颜料，又要了很多的工具。而让皇帝很奇怪的是，和尚们居然只要了一些抹布与水桶等简单的清洗用具。

三天之后，皇帝来了。他首先看到的是工匠们所装饰的寺庙。他们用了非常多的颜料，以非常精巧的手艺把寺庙装饰得五颜六色。皇帝很满意地点点头，接着回过头看和尚负责整修的寺庙，他看了一眼就愣住了：寺庙中非常干净，里面所有的物品都显出了它们原来的颜色，而它们光泽的表面就像镜子一般，无瑕地反射出外界的颜色，那天边多变的云彩，随风摇曳的树影，甚至对面五颜六色的寺庙，都变成了这个寺庙美丽色彩的一部分，而这座寺庙只是宁静地接受这一切。皇帝被这庄严的寺庙深深地感动了，当然我们也知道最后的胜负了。

159. 这回运气好，没有风

那是在克尼斯纳，一个林工正解释如何伐树。他指出：要是你不知道那棵树砍了会落在哪里，就不要去砍它。"树总是朝支撑少的那一方落下，所以你如果想使树朝哪个方向落下，只要削减那一方的支撑便成了。"他说。

我半信半疑，稍有差错，我们就可能一边损失一幢昂贵的小屋，另一边损坏一幢砖砌车库。

我满心焦急，在两幢建筑物中间的地上划一条钱。那时还没有链锯，伐树主要是靠腕劲和技巧。老林工朝双手啐口水，挥起斧头，向那棵巨松砍去，树身底处粗一米多。他的年纪看来已六十开外，但臂力十足。

约半小时后，那棵树果然不偏不倚地倒在线上，树梢离开房子很远。我恭贺他砍伐成一堆整齐的圆木，又把树枝劈成柴薪。我告诉他，我绝不会忘记他的砍树心得。

他举起斧头扛在肩上，正要转身离去，却突然说："我们运气好，没有风。永远要提防风。"

老林工的言外之意，我在数年后接到关于一个心脏移植病人的验尸报告时才忽然明白。那次手术想象不到地顺利，病人的复原情况也极好。然而，忽然间一切都不对了，病人死掉了。验尸报告指出病人腿部有一处微伤，伤口感染了肺，导致整个肺丧失机能。

那老林工的脸蓦地在我脑海里浮现。他的声音也响起来："永远要提防风。"简单的事情，基本的真理，需要智慧才能了解。那个病人的死，惨痛地提醒我们"为山九仞，功亏一篑"这个道理。纵使那个伤口对健康的人是无关痛痒，但已夺去了那个病人的命。

160. 美国总统和亿万富翁

托马斯·杰斐逊是美国第三任总统，在他给孙子的忠告里，他提到了以下 10 点生活的原则：

1. 今天能做的事情绝对不要推到明天。

2. 自己能做的事情绝对不要麻烦别人。

3. 决不要花还没有到手的钱。

4. 决不要贪图便宜购买你不需要的东西。

5. 绝对不要骄傲，那比饥饿和寒冷更有害。

6. 不要贪食，吃得过少不会使人懊悔。

7. 不要做勉强的事情，只有心甘情愿才能把事情做好。

8. 对于不可能发生的事情不要庸人自扰。

9. 凡事要讲究方式方法。

10. 当你气恼时，先数到 10 再说话，如果还气恼，那就数到 100。

约翰·丹佛是美国硅谷著名的股票经纪人，也是跻身美国 10 亿身价俱乐部的成员，在对记者的一次答辩中，我们看到他对以上几个问题的回答，非常有趣的是它们之间鲜明的对比。我们从中可以看出一个政治家和一个商人的截然不同之处。

1. 今天能做的事情如果放到明天去做，你就会发现很有趣的结果。尤其是买卖股票的时候。

2. 别人能做的事情，我绝对不自己动手去做。因为我相信，只有别人做不了的事情才值得我去做。

3. 如果可以花别人的钱来为自己赚钱，我就绝对不从自己的口袋里掏一个子儿。

4. 我经常在商品打折的时候去买很多东西，哪怕那些东西现在用不着，可是总有用得着的时候，这是一个预测功能。就像我只在股票低迷的时候买进，需要的是同样的预测功能。

5. 很多人认为我是一个狂妄自大的人，这有什么不对吗？我的父母我的朋友们在为我骄傲，我想不出我有什么理由不为自己骄傲，我做得很好，我成功了。

6. 我从来不认为节食这么无聊的话题有什么值得讨论的。哪怕是为了让我们的营养学家们高兴，我也要做出喜欢美食的样子，事实上，我的确喜欢美妙的食物，我相信大多数人有跟我一样的喜好。

7. 我常常不得不做我不喜欢的事情。我想在这个世界上，我们都没有办法完全按照自己的意愿做事。正像我的理想是一个音乐家，最后却成为一个股票经纪人。

8. 我常常预测灾难的发生，哪怕那个灾难的可能性在别人看来几乎为零一样。正是我的这种动物的本能使我的公司在美国的历次金融危机中逃生。

9. 我认为只要目的确定，我就不惜一切代价去实现它。至于手段，在这个时代，人们只重视结果，有谁去在乎手段呢？

10. 我从不隐瞒我的个人爱好，以及我对一个人的看法，尤其是当我气恼的时候，我一定要用大声吼叫的方式发泄出来。

161. 心灵的钟声

很久以前，法国有一座特殊的监狱。这座监狱的一切都与别的监狱不同。

实际上，这是一座辉煌壮丽的教堂，庄严、肃穆。这里除了神职人员外，没有任何看守，只有四周的高墙让人生畏。

囚犯们都是经过百般讯问而不得其口供的江洋大盗。他们在这里可以自由自在地做任何事情，伴随着终日不断的深沉的钟声和唱诗班的祈祷。

日久天长，一个曾经接受过半年审讯只交代了一桩盗窃案的囚犯，在午夜的钟声绕梁未绝时，突然放声大哭，跑进教堂，在神父面前忏悔了自己多年前杀人抢劫的深重罪孽。进了这座监狱的人，大都是这种结局：宁愿接受法律的判决，也不想终日忍受良心的折磨，聪明的法国人用活生生的事实证明，敲响心灵的钟声，有时会比严刑酷律有用。

162. 侧面思维

我曾经听过一个故事，尽管不一定真实，但是讲给大家听还是有意义的。故事是这样的：

一家有名的美国公司新盖了一栋高耸入云的公司总部大楼。公司各部门全部迁入以后才几个星期，员工们便开始抱怨电梯速度太慢。这些抱怨很快便在公司中传开了，因此公司便找来了大楼的设计师，询问电梯的速度可不可以提高一些？或者可不可以增加电梯的容积？答案是肯定的，但需要两个月的时间对电梯通道进行拆除、扩容以及重建，这样会导致大量员工的工作陷入混乱。

据说，故事接下来是这样的：公司并没有去改建电梯的通道，而是在每一层电梯口旁边安放了一面大镜子。此后员工们都会在镜子前多花那么一点儿的时间来打扮自己或者是在镜子里看看其他员工，不久，人们的抱怨就悄无声息了。

我讲这个故事的目的就是要说明，任何问题都会有一个简单的解决办法。

如何开办一家成功的公司

如何开办一家成功的公司呢？有人说这很复杂。许多商学院可以教你如何做到这一点。在这个领域，人们已经进行了各种各样的复杂研究。有没有可能用五分钟、一张纸，甚至是一句话把它描述下来呢？

事实上是可能的。爱琳·夏皮罗在她所著的《商业七宗罪》中很好地做到了这一点。她描述道，在一所商学院里，教授第一次去上金融课，然后告诉那些踌躇满志的投资银行家和公司领导们："不要把自己的现金用光。"这是不是成功开办公司的秘诀呢？当然是。

163. 漂浮的针

这是几年前的一件事。我告诉我儿子，水的表面张力能使针浮在水面上，他那时才十岁。我接着提出一个问题，要求他将一根很大的针投放到水面上，但不得沉下去。我自己年轻时做过这个试验，所以我提示他要利用一些方法，譬如采用小钩子或者磁铁等等。他却不假思索地说："先把水冻成冰，把针放在冰面上，再把冰慢慢化开不就得了吗？"

这个答案真是令人拍案叫绝！它是否行得通倒无关紧要，关键一点是：我即使绞尽脑汁冥思上几天也不会想到这上面来。经验把我限制住了，思维僵化了，这小伙子倒不落窠臼。

我设计的"轻灵信天翁"号飞机首次以人力驱动飞越英吉利海峡，并因此赢得了214,000美元的亨利·克雷默大奖。但在投针一事之前，我并没有真正明白我的小组何以能在这场历时18年的竞赛中获胜。要知道其他小组无论从财力上还是从技术力量上来说，实力远比我们雄厚。但到头来，他们的进展甚微，我们独占鳌头。

投针的事情使我豁然醒悟：尽管每一个对手技术水平都很高，但他们的设计都是常规的。而我的秘密武器是：虽然缺乏机翼结构的设计经验，但我很熟悉悬挂式滑翔机以及那些小巧玲珑的飞机模型。我的"轻灵信天翁"号只有70磅重，却有90英尺宽的巨大机翼，用优质绳作张索。我们的对手们当然也知道悬挂式滑翔，他们的失败正在于懂得的标准技术太多了。

人们，包括我自己在内常常不自觉地戴上有色眼镜，并为那些实际并不存在的障碍所挫败。要创造，就必须打破常规。

164. 上帝没有轻看卑微

一位父亲带着儿子去参观梵高故居，在看过那张小木床及裂了口的皮鞋之后，儿子问父亲："梵高不是位百万富翁吗？"父亲答："梵高是位连妻子都没娶上的穷人。"第二年，这位父亲带儿子去丹麦，在安徒生的故居前，儿子又困惑地问："爸爸，安徒生不是生活在皇宫里吗？"父亲答："安徒生是位鞋匠的儿子，他就生活在这栋阁楼里。"

这位父亲是一个水手，他每年往来于大西洋各个港口，这位儿子叫伊东·布拉格，是美国历史上第一位获普利策奖的黑人记者，20年后，在回忆童年时，他说："那时我们家很穷，父母都靠出苦力为生。有很长一段时间，我一直认为像我们这样地位卑微的黑人是不可能有什么出息的。好在父亲让我认识了梵高和安徒生，这两个人告诉我，上帝没有轻看卑微。"

165. 悠然下山去

森林中举行比"大"比赛。老牛走上擂台，动物们高呼："大"。大象登场表演，动物们也欢呼："大"。台下角落里的一只青蛙气坏了，难道我不大吗？青蛙嗖地跳上一块巨石，拼命鼓起肚皮，并神采飞扬地高喊："我大吗"？"不大"。传来一片嘲讽之声。青蛙不服气，继续鼓肚皮。随着"嘭"的一声，肚皮鼓破了。可怜的青蛙，至死也不知道它到底有多大。

我的一位朋友，是个登山队员，一次他有幸参加了攀登珠穆朗玛峰的活动，在6400米的高度，他体力不支，停了下来。当他讲起

191

这段经历时，我们都替他惋惜，为何不再坚持一下呢？再攀一点高度，再咬紧一下牙关。

"不，我最清楚，6400 米的海拔是我登山生涯的最高点，我一点都没有遗憾。"他说。我不禁对他肃然起敬。联想起人生，一个人不怕拔高，就怕找不到生命的制高点。

166．彬彬有礼

从前有一只兔子，他非常谦虚，有着良好的教养，待人处世彬彬有礼。有一次，他到一农民的菜园子里去偷菜吃，把肚子吃得鼓鼓的，正准备往回走，忽然看见一只狐狸。这只狐狸要回到森林里去，半路上想到农家院子里偷只鸡，结果什么也没有捞到，真是又饿又气！

兔子见到狐狸，心里一惊：怎么办呢？跑！还好狐狸没发现他，他飞快地跑到一个山洞，可是他万万没有想到，洞里等着他的是一个更加危险的敌人——一条大蛇！

好在兔子有一个很好的习惯，它进别人的家以前向来要得到主人的允许，否则，决不贸然闯进。

"应当先打个招呼。"兔子想："可是跟谁打招呼呢？山洞？当然啦，应当跟山洞打招呼！"

兔子把屁股往后爪子上一蹲，摆出一幅绅士的姿态，彬彬有礼地说：

"亲爱的山洞，你好啊！我可以进来吗？"

大蛇听出这是兔子的声音，真是喜出望外，因为他特别想吃兔子肉。

"快进来吧，快进来！"蛇回答说。他想，这一回，兔子可要上当了。

兔子闻听，又吓了一跳，庆幸自己没有匆忙闯进去。

"请原谅，我打扰您了，"兔子说，"我刚才忘了，兔妈妈还在家里等着我呢，再见！"他一拔腿，便跑得不知去向。

大蛇在洞里缩成一团，懊丧地说：

"我真不该回答他。唉，这些彬彬有礼的兔子，真该死！他们进来之前先问好，原来是别有用心啊！"

167. 艺人与儿子

在很久以前，有一个村庄里住着一位做泥娃娃的手艺人。他做的泥人十分漂亮，人人喜欢，上市场卖也很畅销，所以他的日子过得不错。

艺人有一个儿子，手挺灵巧的。为了手艺不失传，艺人教儿子做泥人。这样，父子俩就开始一起做泥人。

儿子的手比父亲的还巧，加上他年轻力壮，干起活来干脆利落，他做的泥人比父亲的还好，青出于蓝而胜于蓝了。起初，他做的泥人和父亲做的卖一样的价钱。但是，当挨了父亲的训斥之后，他做泥人就更加认真了。结果没有多久，他做的泥人的卖价就超过了父亲。父亲做的泥人每个卖两卢比，他做的卖 3 卢比。可是，父亲对儿子的斥责并没有减少。他对儿子做的泥人总是不满意，不是说这里有缺点，就是说那儿有毛病。

儿子做泥人比以前更用心、更刻苦了。每天吃完饭就做泥人，天天如此。

现在，儿子的泥人做得比以前更好了，在市场上出售的价格不断提高。父亲做的泥人还是跟以前一样，每个卖两卢比，而儿子做

193

的则涨到了 4 卢比，5 卢比，6 卢比，8 卢比，最后到了 10 卢比！

可是，父亲仍不满意。他给儿子做的泥人一个一个地挑毛病：这只眼睛比那一只大了，两个肩膀不匀称；这做的是耳朵还是扬谷用的簸箕？指甲太小，看都看不见！

第二天，儿子生气了。他说："爸爸，你为什么老是挑我做的泥人的毛病？你做的泥人，每个我都能挑出 20 个毛病！你也不看看，你做的泥人至今仍卖两卢比一个，而我做的呢，卖 10 卢比人们还都争着买。我觉得我做的泥人什么毛病也没有，根本不必再加工！"

父亲很失望，伤心地说："孩子，你说的我都明白。不过这些话从你嘴里说出来，我很难过。我知道，今后你做的泥人的价钱永远也不会超出 10 卢比了。"

"为什么？"儿子惊奇地问。

父亲看了看儿子，说："作为一个手艺人，如果认为自己的手艺到了家，没有改进的余地了，或者认为根本没有改进的必要，那么就意味着他的长进就此停止。艺人什么时候一自满，他的手艺就再也不会提高了。以前有一天，我也对自己的手艺自满起来，结果从那天开始一直到现在，我做的泥人只能卖两卢比一个，从来没有超过这个价钱过。"

儿子听了，惭愧的低下了头。